국민을 닮은 대통령,
세종

국민을 닮은
대통령, 세종

대한민국 제21대 대통령,
그 국정의 길에 답하다

이영달 지음

가디언

차례

(1장) 제21대 대통령 선거 출사표

정치와 국정의 본령을 묻다 :
왜 지금, 다시 세종인가?

우리는 지금, 다시 처음을 생각하고 있다.

대통령이 탄핵된 두 번째 봄, 헌정은 멈춰 섰고,

정치는 말을 잃었고, 국정은 길을 놓쳤다.

그러나 국민은 멈추지 않았다.

그 침묵의 한가운데,

국민은 여전히 살아 있었다.

텅 빈 통장과 불안한 계약서,

밤의 편의점과 새벽의 출근길.

그 고요한 삶의 틈에서

국민은 말없이 하루를 이어갔다.

정치가 외면한 시간 속에서도
국민은 믿음을 놓지 않았다.
국가가 자신의 삶을 포기하지 않을 것이라는,
그 조용하고 단단한 믿음을.

정치는 그 침묵을 듣지 못했고,
국정은 그 신뢰를 구조로 옮기지 못했다.
그러나 그 믿음은 꺼지지 않았다.
우리가 함께 세워 온 이 공동체가
다시 일어설 수 있다는,
다시 고쳐 쓸 수 있다는 믿음이었다.

이제, 정치가 대답해야 할 차례다.
국정은 다시 시작되어야 한다.
그 시작은 사과가 아니라 설계이고,
회피가 아니라 회복이며,
무엇보다 국민의 삶에 대한 공감에서
출발한 구조여야 한다.

우리는 지금, 그 국민 앞에 서 있다.

그리고 마주 묻는다.

정치는 왜 존재하는가.

국정은 누구를 위해 작동해야 하는가.

그 질문 앞에서

우리는 한 사람의 이름을 꺼낸다.

세종.

그는 조선의 왕이었으나,

민주공화국의 대통령보다 앞서

국정의 윤리와 실천을 구현한 사람이다.

그는 명령보다 질문을 믿었고,

다스리는 일보다 구조를 세우는 데 집중했다.

감동을 연출하지 않았고,

삶이 감당할 수 있는 형식을 먼저 마련했다.

그의 정치엔 꾸밈이 없었다.

그의 국정은 백성의 어깨 높이에 맞춰 내려왔다.

한글을 만들었고, 『농사직설』을 편찬했고,

측우기와 신문고를 두었다.

그는 혁명을 말하지 않았다.

그 대신, 백성이 쓰러지기 전에

국가가 먼저 깨어 있어야 한다는 사실을 실천했다.

그는 백성의 고통에 연민을 표하지 않았다.

그 대신, 고통이 반복되지 않도록

제도를 만들고, 법을 고치고, 행정을 조직했다.

세종의 방식은 조용했다.

그러나 조용함은 무력함이 아니었다.

그의 고요한 정치 안에는

질서가 있었고, 의지가 있었고,

시간이 있었다.

그는 실패한 국민을 꾸짖지 않았다.

다시 설 수 있는 제도를 먼저 세웠다.

그는 통치의 권위를 말하지 않았다.

국가가 낮게 손 내밀 수 있는 구조부터 마련했다.

그는 백성 위에 군림하지 않았다.

국민이 스스로 삶을 지탱할 수 있도록

정치를 낮추고,

국정을 다시 나누고,

제도를 다시 엮었다.

그 방식은, 지금 우리가 다시 꺼내야 할 것이다.

오늘,

정치는 언어를 잃었고,

국정은 구조를 놓쳤다.

국가는 다시 설계되어야 한다.

진보의 정치는 오랫동안

공감과 포용으로 시대를 해석해 왔다.

그 언어는 따뜻했지만,

감성만으로는 무너진 삶을 다시 세울 수 없었다.

보수의 정치는 책임과 문제해결의 실력으로

국가를 지탱해 왔다.

그러나 지금, 그 책임은 희미해졌고,

그 유능함은 침묵하고 있다.

정치는 이제,

자신의 존재 이유를 다시 증명해야 한다.

정권이 아니라 국정을.

선거가 아니라 구조를.

약속이 아니라 설계를.

말이 아니라,

삶의 무게를 감당할 수 있는 시스템으로 증명해야 한다.

우리는 묻는다.

다시 국민의 신뢰를 회복할 수 있는가.

혼란의 시대를 지나

공동체의 다음 문장을 함께 써 갈 수 있는가.

실패한 사람을 다시 일으킬 수 있는가.

그 물음에 가장 먼저 답한 사람이 세종이었다.

그는 이상이 아니라 실천으로,

비전이 아니라 구조로,

감정이 아니라 책임으로 나라를 세웠다.

그의 이름보다

그의 방식이

오늘 우리에게 필요하다.

이제 우리는,

세종의 방식으로,

다시 정치와 국정을 고쳐 써야 한다

1장

제21대
대통령 선거 출사표

나는 왜 이 길을 택했는가?

어느 날, 한 사람이 말했다.

"이번 생은 망했어."

그 말은 스스로에게 내린 판결 같았다.

입 밖으로 나오는 순간 증발해 버릴 듯했지만,

실은 오래전부터 가슴속 깊은 곳에서 끓고 있던 문장이었다.

그 말은 혼잣말이었다가, 어느 순간 모두의 말이 되었다.

이 나라는 지금, 체념을 공유하는 사회가 되었다.

슬픔보다 무서운 것은 무기력이며,

분노보다 차가운 것은 포기다.

처음 그 말을 들었을 때, 나는 말이 없었다.

어둠이 너무 가까이 와 있었다.

그러나 침묵은 대답이 아니다.

누군가는 말해야 했다.

누군가는 걸어가야 했다.

대한민국 국민의 75퍼센트가 말한다.

지금 이 사회는 불안하다고.

공정하지 않다고.

자신이 점점 투명해진다고.

불안, 불공정, 불평등.

그건 데이터가 아니다.

사람의 삶이다.

그 말은 가정의 불을 끄는 말이고,

내일을 미루는 이유이며,

고요히 울고 있는 누군가의 이불 속 이름이다.

나는 그 이름들을 알고 있다.

나도 그중 하나였기 때문이다.

흙 묻은 손으로 컵라면을 먹던 밤들,

'기회'라는 단어가 사치처럼 느껴졌던 계절들.

그 시간들이 나를 여기까지 데려왔다.

나는 오늘, 그 어둠을 향해 걸어가기로 한다.

그늘 속에 가만히 엎드려 있던 사람들의 목소리를,

스스로 꺼내지 못한 질문들을,

이제는 누군가 대신 말해야 할 때가 되었다고 믿기 때문이다.

이 선거는 나의 싸움이 아니다.

이건 살아 보겠다는 사람들,

포기하지 않겠다는 사람들의 이야기다.

꿈꾸는 것조차 자격을 요구받는 사회.

나는 그 벽을 낮추고 싶었다.

숨 쉴 수 있는 사회를,

다시 살아 볼 수 있는 나라를 만들고 싶었다.

"이번 생은 망했어."

그 문장을, "이번 생에서도 괜찮아."로 바꾸고 싶었다.

내가 제안하는 나라는

내 노력으로, 내 삶을 바꿀 수 있는 대한민국이다.

다음 생이 아니라,

지금 이 생에서.

내가 선택하고, 내가 다시 일어설 수 있는 사회.

거창한 비전이 아니다.

이건 생존의 말이다.

사람은 살아야 꿈꾼다.

살아야 사랑할 수 있고,

사랑이 있어야 이 사회는 지속된다.

이번 대통령은 인수위원회 없이 바로 시작해야 한다.

시간이 없다.

그래서 나는,

국민 앞에 내가 책임질 국정의제를 미리 꺼내 놓는다.

혼자 만들지 않겠다.

정답을 쥐고 있다고 생각하지도 않는다.

'함께 만드는 국민정책위원회'라는 이름으로,
누구든 참여할 수 있는 플랫폼을 열겠다.

정책은 시민의 삶에서 나와야 한다.
모든 제도는,
삶의 온도에 귀 기울일 때 비로소 제 의미를 가진다.

나는 당의 보호도, 거대한 조직도 없다.
무소속으로, 홀로 걷고 있다.
그러나 나는 혼자가 아니다.
이름을 부르지 않아도 알고 있는 얼굴들,
고단한 하루를 견디며 살아가는 사람들이
나와 함께 걷고 있다.

이 글을 읽는 당신이 그렇다면,
이제 이 질문을 함께 떠안아야 한다.
우리는 정말, 이대로 괜찮은가.
나는 그 질문 하나로 이 길을 택했다.

그 물음에 당신이 응답해 준다면,

우리는 함께 다음 문장을 쓸 수 있다.

이번 생은,

아직 끝나지 않았다고.

'국민정책'을 먼저 말하는 이유

60일,
준비 없는 대통령에게 필요한 것은 말보다 계획이다.

2025년 4월 4일 오전 11시 21분.
헌법재판소는 대한민국 대통령의 파면을 결정했다.
그로부터 정확히 60일 뒤,
제21대 대통령을 뽑는 선거가 치러진다.

이것은 통상의 선거가 아니다.
정치 일정이 아닌 헌정의 틈에서,
국민은 다시 한 번 선택을 강요받고 있다.
이번 선거의 조건은 단 하나다.
"시간이 없다."

대통령 후보에게는 인수위원회가 없다.
정권 인수도, 국정 브리핑도 없다.

선거 다음 날, 바로 대통령이다.

당선과 동시에 책임이다.

국민은 선택하자마자 기대해야 하고,

대통령은 선출되자마자 실행해야 한다.

이 절박한 시간 앞에서,

말보다 먼저 필요한 것은 계획이다.

누군가는 여전히 구호를 말한다.

누군가는 이미지로 호소한다.

그러나 이번만큼은 다르다.

국민에게 필요한 것은 '좋은 말'이 아니라

구체적인 설계다.

이번 선거에서 국민은

기껏해야 30~40일 남짓한 시간 동안,

후보의 얼굴을 기억하고,

공약을 듣고,

검증하고,

결정을 내려야 한다.

그 촉박함 속에서

국민이 기대는 것은 거대 담론이 아니라,

자신의 삶과 맞닿은 한 문장이다.

이번 생이 조금은 나아질 것이라는 가능성.

내일도 숨 쉴 수 있다는 구조.

그래서 나는 정치적 논쟁보다

정책 설계를 먼저 꺼내기로 했다.

공감보다 먼저, 국정의 뼈대를 제안한다.

추상보다 구체,

슬로건보다 실행.

나는 10개의 국민정책을 설계했다.

그것은 완성본이 아니다.

설계도다.

초안이다.

그리고 이 초안은,

국민과 함께 완성해 나갈 열린 구조로 만들어졌다.

이 정책의 출발점은 단 하나다.

삶.

재도전, 돌봄, 교육, 배움, 주거, 일자리, 지방의 미래까지.

이 정책들은 국민의 일상 깊은 곳에 스며 있는

불안과 가능성의 교차점에서 태어났다.

정치는 표를 얻기 위한 약속이 아니라,

삶의 조건을 재구성하는 행위여야 한다.

나는 이 정책들을

'국민참여형 정책 플랫폼'을 통해 공개할 것이다.

누구든 참여할 수 있고,

누구든 고칠 수 있다.

정책은 정당이 만드는 것이 아니라,

국민이 완성해야 할 공공의 구조물이기 때문이다.

나는 지금
이 정책을 국민 앞에 꺼내 놓는다.

말보다 설계를 먼저 내놓는 이 방식,
그 자체가 나의 정치철학이다.

혼자 하지 않겠다.
국민의 손으로 다듬고,
국민의 목소리로 완성하고,
국민의 삶을 위해 집행할 것이다.

이것이
『국민을 닮은 대통령, 세종』의 시작이며,
내가 이 선거를 준비하는 방식이다.

국민재도전위원회 :
실패한 자를 다시 일으키는 나라

어떤 사람은 작은 가게를 닫는다.

어떤 사람은 회사 이름이 적힌 간판을 내린다.

그들은 문을 닫고, 몸을 웅크리고, 거리에 나선다.

조용히 사라진다.

누구도 박수치지 않는다.

누구도 위로하지 않는다.

대한민국에서 실패는, 여전히 끝을 의미한다.

매년 90만 개의 사업체가 문을 닫는다.

하루 평균 2,500곳이 넘는 생계의 끝이 조용히 접힌다.

업체당 5천만 원이면 45조 원, 1억 원이면 100조 원 가까운

사업 실패 비용이 발생한다.

개인사업자든 법인이든, 그 숫자는 통계지만
그 안에는 하나하나의 얼굴과 가족이 있다.
폐업한 그날 밤, 마지막으로 카드 단말기의 전원을 내리며
눈물 없이 사라지는 사람이 있다.

한 번의 실패로 삶 전체가 흔들리는 사회.
사업하다 실패하면 패가망신이라는 말은
여전히 유효하다.

패가망신.
가진 걸 잃는다는 뜻이 아니라,
이름조차 잃고, 다시 일어설 자격마저 박탈당한다는 뜻이다.

지금 이 순간에도,
국내 신용불량자는 200만 명을 넘어섰다.
가계대출과 기업대출의 연체율은 가파르게 상승하고 있다.
신용카드 연체액은 IMF 외환위기 이후 최대치를 넘어서고 있다.

이건 데이터가 아니라, 구조신호다.

이 나라는, 실패한 이들을 감당할 준비가 되어 있지 않다.
국민 한 사람 한 사람이
자기 발등에 떨어진 불을 끄느라 바쁘다.
생존은 공포가 되었고,
공포는 분노가 되었다.

그런데도 정치는 여전히 거대한 담론 위를 떠다닌다.
개헌이든 통치구조든, 모두 중요하다.
그러나 더 급한 건,
지금 당장 무너지고 있는 사람들의 하루다.

한 나라가 존재하는 이유는,
법률보다 하루를 지키는 일에 먼저 있어야 한다.

그래서 나는 '국민재도전위원회'를 만들고자 한다.

이것은 구호가 아니다.

일회성 정책도 아니다.

부실이 생기기 전 단계부터,

이미 무너진 사람의 회복까지.

한 사람의 실패를 사회가 함께 감당하고,

다시 기회를 줄 수 있는 시스템이다.

영국은 이 일을 오래전부터 제도화했다.

'The Insolvency Service'는 개인과 기업의

부실 예방, 위기 대응, 법적 구조조정, 재기 지원까지

한 조직 안에서 이어지는 흐름을 갖췄다.

그들은 실패자를 벌주지 않는다.

그들을 다시 시민으로, 노동자로, 기업가로 복귀시키는 일을

국가가 책임진다.

나는 이 모델을 참고해,

대한민국에 맞는 회복 시스템을 만들고자 한다.

그 이름이 '국민재도전위원회'다.
이 조직은 삶을 포기하지 않게 만드는
마지막 버팀목이 될 것이다.
사람이 망하지 않도록,
제도가 먼저 손을 내밀게 만들 것이다.

이것이 내가 제안하는
'완전히 새로운 대한민국'의 첫 번째 정책이다.

다음 생이 아니라 이번 생에,
한 번의 실패로 끝나지 않는 삶.
누구든 다시 일어설 수 있는 기회.
인생역전이란 말이 소설이 아닌,
현실의 언어가 되는 사회.

그게 우리가 함께 열어야 할 나라다.
그리고 나는, 그 문을 지금 연다.

제2호 국민정책

국민공제제도 :
고립된 삶에 공동의 우산을 펴는 일

어디에도 속하지 않은 사람들이 있다.

회사에도, 조직에도, 제도에도 속하지 않은 사람들.

계약서를 쥐었지만, 내일은 기약할 수 없는 일용직.

매달 플랫폼의 알고리즘 앞에서 생계를 계산하는 프리랜서.

가게 문을 열었지만, 어떤 달은 수입보다 지출이 많은 자영업자.

자리를 지켜도, 조직이 흔들리는 스타트업 종사자.

업무는 반복되지만, 보장은 반복되지 않는 단기근로자.

구직 사이트에 하루에 세 번씩 들어가며,

자신의 이름과 경력이 점점 무색해지는 것을 느끼는 실업자.

모두 다른 이름으로 불리지만,

사실은 하나의 공통점을 가지고 있다.

이들은 지금,

'상호 부조'와 '단체 복지'라는 이름의 구조 밖에 있다.

그 구조는 존재한다.

공무원에게는 공무원공제회가 있고,

군인에게는 군인공제회가 있으며,

교원에게는 교직원공제회가 있다.

그들은 혹시나 모를 삶의 균열 앞에,

제도를 통해 공동의 우산을 펴고 있다.

그런데, 왜 누구는 그 우산 아래 있고

왜 누구는 맨몸으로 비를 맞아야 하는가.

나는 이 질문을 외면하지 않기로 했다.

지금 대한민국 국민의 75%는

제도 바깥에서 각자의 위험을 개인이 감당하고 있다.

실패도, 질병도, 사고도 모두 개인의 몫이다.

혼자 감당하고, 혼자 무너지고, 혼자 일어서야 한다.

그러나 사람은 혼자 살아갈 수 없다.
삶이란 공동의 리스크를 나누고,
공동의 희망을 설계하는 일이기 때문이다.

그래서 나는 '**국민공제제도**'의 도입을 제안한다.

이 제도는 특정 직군의 혜택이 아니다.
누구든 이 사회에 참여하고 있는 사람이라면,
누구든 노동을 하고, 기여하고, 생계를 꾸리고 있다면
공제의 우산 안에 포함되어야 한다.

나는 이 제도가
국민건강보험이나 국민연금처럼
우리 삶의 근간을 지탱하는
또 하나의 기둥이 되어야 한다고 믿는다.
이건 복지가 아니다.
이건 보험도 아니다.
이건 사회의 지속을 위한 최소한의 약속이다.

사람이 고립되지 않게 하는 구조,

불안의 모든 무게를 혼자 짊어지지 않게 만드는 장치.

단지 제도를 설계하겠다는 말이 아니다.

우리는 이 제도를 통해,

누군가의 실패와 병든 삶을 외면하지 않는

공동체를 복원해야 한다.

나는 정치인이 아니라, 시민으로서 이 제안을 드린다.

세상이 빠르게 바뀌고 있고,

고용의 모양도, 가족의 형태도 달라지고 있다.

그러나 제도는 따라오지 못했다.

그 틈에서 너무 많은 사람이 추락하고 있다.

국민공제제도는

그 추락을 막는 가장 현실적인 방식이자,

공정과 안전을 일상화하는 가장 조용한 정치다.

우리는 이제, 혼자가 아니라고 말할 수 있어야 한다.

그리고 그 말이 말뿐이 아니도록,

제도가 따라와야 한다.

그 시작이 바로 국민공제제도다.

나는 이 제도가

불안한 삶들 사이에 조용히 뿌리를 내리고,

다시 이 사회를 연결할 수 있다고 믿는다.

제3호 국민정책

직무·직업·창업 전환 휴직 및 수당 제도 : 두 번째 인생 앞에 서 있는 사람들에게

사람은 한 가지 일만 하며 살아가지 않는다.

한 생을 한 번의 직무로만 마무리하는 시대는 이미 지나갔다.

일은 사라지고, 기술은 바뀌고,

나이를 먹어도,

우리는 또 한 번의 내일을 준비해야 한다.

그러나 그 준비를 위한 시간은 누구에게도 주어지지 않았다.

회사는 여유가 없었고,

국가는 장치를 마련하지 않았다.

사람들은 퇴사와 퇴직 사이 어딘가에서

불안과 희망 사이를 오가며,

혼자서 전환을 견뎌야 했다.

이 나라에는 두려움을 미뤄 둘 제도가 없다.

그래서 나는 말하고 싶었다.
직무를 바꾸고,
직업을 바꾸고,
창업을 준비하는 그 시기를,
국가가 함께 견뎌야 한다고.

직무·직업·창업 전환을 위한 휴직과 수당 제도.
이건 복지가 아니다.
국가의 전략이다.

산업 구조가 빠르게 바뀌고
고령화가 현실이 된 지금,
한 번의 실패나 은퇴가 곧
'사회적 탈락'으로 이어지는 구조는
결국 국가의 위기로 이어진다.

한 사람이 직장을 떠날 때,
그의 가족도 함께 흔들린다.
그가 재도전할 시간을 갖지 못할 때,
그의 삶은 조용히 꺼진다.
우리는 그런 불 꺼진 집들을
이미 너무 많이 지나쳐 왔다.

'인생 이모작', '삼모작'이라는 말은
그 자체로 시대의 방향을 가리키지만,
그 말 뒤에 제도가 없다.

의지가 있어도,
준비할 시간과 자원이 없다.
그 공백을 방치하는 것은
안보를 방치하는 것과 같다.

국가의 안보는
총과 전쟁에만 있지 않다.

시민 한 사람 한 사람이

두 번째 인생 앞에서도 두려워하지 않도록

국가가 버팀목을 세워야 한다.

그래서 나는 제안한다.

'직무·직업·창업 전환을 위한

휴직과 수당 제도'.

기업도 함께 설계에 참여해야 한다.

국가도 함께 지원해야 한다.

무엇보다, 시민이 이 제도를

스스로 활용할 수 있도록 설계되어야 한다.

사람이 한 생을

두세 번 살아야 하는 시대다.

그리고 그 전환점마다,

사회가 함께 옆에 서 있어야 한다.

내가 바라는 나라는,
그 전환의 순간을 고립시켜 두지 않는 나라다.

당신이 다른 길을 준비하려 할 때,
국가가 잠시 손을 잡아 줄 수 있는 나라.
그게 우리가 만들어야 할
다음 사회의 기본이다.

나는 그 준비를 지금부터 시작하겠다.

그것이 변화의 시작이며,
그것이 우리가 지켜야 할
생존의 또 다른 이름이기 때문이다.

제4호 국민정책

고용연계형 직무·직업 교육훈련 제도 : 공정은 준비할 수 있는 기회에서 시작된다

사람들은 말한다.

누구나 경쟁할 수 있다고.

그러나 모두가 준비할 수 있었던 것은 아니다.

기회는 평등하다고 믿는다.

그러나 기회를 향해 가는 출발선과 경로는

사람마다 현저히 달랐다.

2025년 대한민국.

청년들은 '정보'의 벽 앞에서,

'출신'의 문턱 앞에서,

반복적으로 멈춰 선다.

대기업은 수시채용 체제로 전환했지만,
그 구조는 여전히 명문대학 출신 소수에게
우선권을 부여하는 방식으로 작동하고 있다.

공기업은 블라인드 채용과 할당제를 도입했지만,
실제 직무 역량이나 현장 적합성과는 괴리된
형식적 기준으로 혼란을 초래하고 있다.

할당제는
기회의 평등이 아니라 결과의 평등을 목표로 설계된 제도다.
그러나 결과의 평등은 정의롭지 않다.

공정은 결과가 아니라,
준비할 수 있는 기회를
누구에게나 열어 두는 것에서 시작되어야 한다.

누구나 도전할 수 있어야 하고,
도전한 만큼 정당하게 평가받아야 한다.

지금 우리 사회에는

'공정한 경쟁' 자체를 경험할 수 있는 기반이 부재하다.

그 부재가 좌절을 낳고,

그 좌절이 불신과 체념으로 이어진다.

이제는 채용 구조 자체를 근본적으로 재설계해야 한다.

스펙보다 실제 능력,

이력서보다 직무 적합성이 평가받는 사회.

그 출발점이

'고용연계형 직무·직업 교육훈련 제도'다.

나는 제안한다.

자산 5조 원 이상의 대기업과 공기업은

자체적으로 직무·직업 교육훈련 과정을 개설하고,

그 이수 성과를 채용과 직접 연계해야 한다.

누구에게나 열린 구조로 설계하되,
훈련 과정에서 입증된 역량이
실질적인 고용 기회로 전환되도록
법제화되어야 한다.

이건 단지 교육정책이 아니다.
고용시장 전반의 구조를 '기회 중심'으로 전환하는 설계행위다.
실력 중심의 구조를 만들고,
모두가 준비할 수 있도록 제도적으로 보장하는 일.
그 자체가 공정의 출발이다.

그리고 이것이야말로
기업이 감당해야 할 가장 고귀한 사회적 책임이다.

기회를 설계하는 기업은
단지 인재를 뽑는 것이 아니라,
사회의 신뢰를 재건하는 주체가 된다.

윤리보다 전략이 먼저여야 하는 지금,

기업은 이제

'무엇을 주었는가'보다

'누구에게 기회를 열었는가'로 평가받게 될 것이다.

이런 흐름은 이미 세계 곳곳에서 현실이 되고 있다.

구글은 'Google Career Certificates'를 통해

학력과 무관한 직무훈련과 검증 시스템을 운영하고,

실제 채용까지 연계하는 구조를 만들었다.

JP모건체이스는

금융기술 트레이닝 프로그램을 통해

사회 진입 장벽을 실질적으로 낮췄고,

다이슨은 기업이 직접 공대를 설립해

자체 인재 생태계를 구축했다.

이들은

'열린 채용'을 넘어,

'기회를 설계하는 채용'으로 이동하고 있다.

대한민국도 이제,

그 방향으로 가야 한다.

나는 믿는다.

공정은 말에서 시작되지 않는다.

공정은,

누구나 준비할 수 있는 조건을 만드는 구조에서 시작된다.

국가는 그 구조를 책임지고,

기업은 설계에 동참해야 하며,

시민은 그 구조 안에서

자신의 역량을 증명할 수 있어야 한다.

이것이 내가 제안하는

'완전히 새로운 대한민국'의 네 번째 국민정책이다.

누구나 시작할 수 있고,

누구나 도전할 수 있으며,

누구나 증명한 만큼

정당하게 인정받는 사회.

그 사회로 가는 문은,

교육과 채용의 연결지점에서 열려야 한다.

그리고 나는,

그 문을 지금 열고자 한다.

제5호 국민정책

국민배움카드 :
배움의 기회가 아닌, 성장의 권리를 나누는 일

배우고 싶지만,

시간이 없고,

돈이 없고,

기회가 없는 사람들이 있다.

자영업자, 일용직 노동자, 프리랜서,

그리고 취약한 고용구조에 놓인 청년들.

기술은 빠르게 바뀌고,

직무는 조용히 사라지는데,

그 변화에 발맞춰 나갈 수 있는 배움은

여전히 일부에게만 허락된 권리다.

그리고 그중에서도 가장 먼저 멈추는 사람들,
학습 사각지대에 놓인 청소년들이 있다.

지방의 고등학교 교실,
저소득 가정의 밤늦은 방 안,
비정규직 부모의 불안정한 삶 아래,
보충학습의 기회조차 갖지 못한 청소년들.

'열심히 하면 된다'는 말은
그 '열심'을 뒷받침해 주는 조건이 있을 때만 유효하다.
학원의 문턱을 넘지 못한 이들은
배움의 출발선조차 갖지 못한 채
경쟁으로 내몰리고 있다.

배움은 생존이며, 성장이다.
그리고 무엇보다 존엄이다.

그러나 지금의 제도는

배움을 여전히 자격과 여유의 영역에 묶어 두고 있다.

그래서 나는 제안한다.

기존의 내일배움카드를 전면 개편하고,

'국민배움카드'로 확장하겠다.

이 제도는 더 이상 '취업 연계'라는 단기 목적에 머물지 않는다.

국민배움카드는 한 사람의 생애주기 전반에 걸쳐

역량을 축적하고, 기회를 확장하고,

삶의 품격을 높이는 국가적 기반이 되어야 한다.

청년 구직자와 대학생,

자영업자와 소상공인,

일용직 노동자, 프리랜서,

경력단절 중장년층까지.

그리고 정규교육 안팎에서 보충학습의 기회를 갖지 못한

취약계층 청소년에게도,

이 제도는 반드시 열려 있어야 한다.

국민배움카드는

단지 직무 역량 강화를 위한 도구가 아니다.

문화, 예술, 취미, 자기계발 등

삶의 질을 높이는 모든 학습 활동에 사용될 수 있어야 하며,

학업 지원, 기초 보충, 진로탐색 등

청소년기의 핵심 배움에도 동등하게 적용되어야 한다.

이미 주요 선진국은

배움을 사회 인프라로 설계하고 있다.

핀란드는 학습 바우처를 통해

국민 누구나 주도적으로 커리큘럼을 설계할 수 있도록 지원하고,

프랑스는 개인 평생학습계좌(CPF)를 통해

국가가 경력 전환과 자기 계발을 구조적으로 돕고 있다.

우리는 지금까지 배움을

'필요'의 문제로만 접근해 왔다.
하지만 이제는 그것을
'존엄'의 문제로 다시 정의해야 한다.

누구든 배우고, 성장하고,
다시 시도할 수 있어야 한다.

국민배움카드는
소상공인에게는 기술 업그레이드의 기회가,
청년에게는 자격증보다 강한 포트폴리오가,
중장년에게는 다시 걸을 수 있는 경력의 길이,
청소년에게는 출발선 자체를 다시 설계해 주는 교육의 발판이
되어야 한다.

한 사회가 성숙하다는 것은,
그 사회가 사람의 가능성을 믿고,
그 가능성을 위한 자원을
가장 먼저 필요한 곳에 평등하게 배분할 수 있다는 뜻이다.

나는 그 구조를 설계하겠다.

그 첫 출발이 국민배움카드다.

이것은 더 이상 '평생학습'이 아니다.
이것은 '평생성장'에 대한 국가의 약속이다.

누구나 준비할 수 있고,
누구나 도전할 수 있는 사회.

그 사회를, 지금부터 만들겠다.

제6호 국민정책

국민장학제도 :
계층이 출발을 정해도, 결과는 제도가
바꿔야 한다

아침엔 배달을 나간다.

점심엔 아르바이트를 하고,

오후 수업이 끝나면

저녁까지 다시 일터에 선다.

과제를 할 시간은 사라지고,

잠을 잘 시간은 점점 줄어든다.

이런 생활이 반복되면,

공부는 선택이 아니라 사치가 된다.

지금 대한민국에서

가난한 집의 자녀가

오직 공부만으로 인생을 바꾸는 일은

과거보다 훨씬 더 드물어진 현실이다.

국가장학금은 존재하지만,
학업을 지속하기엔 구조가 허약하다.

등록금이 면제되어도
방세, 식비, 교재비, 교통비가 남는다.
이 모든 현실 앞에서 청년은 생계에 매이고,
학업의 몰입은 서서히 무너진다.

결국 교육은 계층을 넘는 사다리가 아니라,
계층을 반복시키는 벽으로 변해 간다.

이 구조를 바꾸지 않으면,
'기회의 평등'은 제도적 허구에 불과하다.

그래서 나는 제안한다.
국가장학금 제도를 넘어서는

'국민장학제도'를 도입하겠다.

이 제도는
학비만 보조하는 데 그치지 않는다.
학생이 실제로 면학에 집중할 수 있도록,
생활비까지 포괄적으로 지원하는 통합 구조다.

출발선은 다를 수 있다.
그러나 적어도 교육만큼은
결과의 공정한 경쟁이 가능해야 한다.

국민장학제도는
그 당위를 제도적으로 설계하는 일이다.
등록금 지원은 기본이다.
그리고 일정 소득 이하 청년에게는
월 단위의 생활장학금이 함께 지급된다.
국가는 학업의 지속을 가능하게 하는
기본적 생계 조건을 보장해야 한다.

이 장학제도는
공공 재정만으로 운영되지 않는다.

공공과 민간이 함께 조성하는 국민장학기금.
기업과 개인이 이 기금에 출연할 경우
전액 세액공제를 허용하겠다.

국가는 기회를 제도화하고,
사회는 그 기회에 투자하는 참여자가 된다.

공정한 출발을 위한 사회적 계약.
이제는 등록금 중심의 교육복지를 넘어서야 한다.
교육은 자격이 아니라,
국가가 책임지는 미래에 대한 투자다.

미국의 펠그랜트(Pell Grant),
독일의 바펙(BAföG)처럼
생활비 기반의 학업 지원은 이미 세계적 흐름이다.

국민장학제도는

누군가에게는 도약의 계기,

누군가에게는 탈락의 순환에서 빠져나올 구조적 출구가 된다.

이것은 개인을 돕는 복지가 아니라,

공동체가 다음 세대의 가능성에 투자하는 구조다.

나는 교육이

다시 기회가 되는 사회를 만들고자 한다.

계층이 출발을 정할 수는 있어도,

결과까지 정할 수는 없는 사회.

그 사회로 가는 첫걸음이

국민장학제도다.

그리고 나는 지금,

그 구조를 설계하겠다.

제7호 국민정책

국민돌봄학교 :
돌봄이 끊기지 않는 나라

퇴근이 늦은 날,

한 아이가 불 꺼진 집에서 혼자 컵라면을 끓인다.

방학이 시작되면, 아이는 집 안에 고립되고,

밤이 되면 부모는 아이를 둔 죄책감을 안고 하루를 마무리한다.

이건 일부 가정의 문제가 아니다.

지금 대한민국의 보통 가정에서 벌어지고 있는 현실이다.

3040세대 맞벌이 부모들이

가장 자주 마주하는 질문은 이것이다.

"오늘, 우리 아이를 어디에 맡길 수 있을까?"

정규수업 이후의 시간,

방과 후, 방학 기간,

예상치 못한 출장이나 심야 근무가 겹치는 날—

그 시간마다
대한민국에는 돌봄의 공백이 존재한다.
그 공백은 육아와 노동의 균형을 무너뜨리고,
결국 여성의 경력 단절, 출산 기피, 가족 해체,
그리고 국가의 재생산 위기로 이어진다.

그래서 나는 제안한다.
'국민돌봄학교'를 설치하겠다.

이것은 단순한 돌봄시설이 아니다.
공교육 이후의 시간에
아이들이 안전하게 머무를 수 있는,
학습과 놀이, 휴식이 유기적으로 설계된
복합형 생활교육 플랫폼이다.

국민돌봄학교는

기존 학교 교실과 유휴 공간은 물론,

도심의 폐교, 국공유지, 산업단지, 공공도서관,

지역 공원 등 생활 인프라 전반을 재조정하여 조성된다.

이뿐만 아니라,

민간기업의 참여도 적극적으로 유도하겠다.

기업이 자사 직원 자녀의 돌봄에 참여할 수 있도록

세제 지원과 인증 제도를 설계해,

기업과 지역이 함께 돌봄 생태계를 만들어 가게 하겠다.

이 모델은 단순한 복지정책이 아니다.

미래 노동 구조와 가족 구조, 교육 시스템을

동시에 반영한 사회 시스템의 구조 설계다.

스웨덴과 네덜란드는

학교와 지역 공동체가

돌봄을 공공 자산으로 공유하는 모델을 이미 정착시켰다.

그러나 우리는 그것을 뛰어넘을 수 있다.

'학교-기업-지역사회'가 함께 만드는
하이브리드형 돌봄 플랫폼.

돌봄은 더 이상
여성 개인의 희생으로 감당해야 할 일이 아니다.

그건 사회 전체의 시스템 설계 문제다.

아이를 '맡기는 것'이 아니라,
함께 키운다는 감각이
제도 안에 내장되어야 한다.

국민돌봄학교는
아이에게는 하루의 리듬을,
부모에게는 일할 수 있는 자유를,
지역사회에는 공동체의 회복력을 더할 것이다.

이 제도는

돌봄이 단절되지 않는 대한민국을 만드는

가장 현실적이고 강력한 국가 전략이다.

그리고 그것이

'완전히 새로운 대한민국'의 일곱 번째 국민정책이다.

돌봄이 선택이 아니라,

국가의 기본값이 되는 나라.

그 구조를 지금부터 만들겠다.

제8호 국민정책

미래교육 대개혁 :
더 이상 입시를 위한 교육이 아닌,
삶을 위한 교육으로

나는 교육자 출신이다.

학교에서 직접 학생들을 가르쳤고,

학부모의 눈으로도, 교사의 마음으로도

대한민국 교육의 현실을 똑바로 보아 왔다.

그 누구보다 교육 현장에 가까이 있었기에,

지금의 교육 시스템이 어디서부터 멈췄고,

무엇이 바뀌어야 하는지도 분명히 알고 있다.

지금 대한민국 교육은

지나치게 오래된 프레임 안에 갇혀 있다.

표준화, 집단화, 일괄적인 평가.

모두에게 똑같은 시간표, 똑같은 시험, 똑같은 목표.

그러나 아이들은
더 이상 그 틀 안에 머무르지 않는다.
모든 아이가 다르지만,
교육은 여전히 똑같기를 요구하고 있다.

이미 세계는 방향을 틀었다.
미국은 2015년 '모든 학생 성공법'을 통해
'개인 맞춤형 학습(Personalized Learning)'을
국가 교육기본권으로 보장했다.
기술과 제도가 함께 움직인 결과다.

우리 역시, 지금이 그 골든타임이다.
학령인구는 빠르게 줄고 있고,
교실의 풍경은 바뀌고 있다.

지금이야말로
표준화에서 개인 맞춤형으로 전환할 수 있는
제도적 골든타임이다.

그래서 나는 제안한다.

'교육기본법'을 전면 개정하겠다.

헌법이 보장하는

'각인의 기회를 균등히 하고,

능력을 최고도로 발휘'하게 하기 위해,

교육의 구조 자체를 다시 설계해야 한다.

고등학교 졸업 후 10년이 지난 사회인을 위한

성인 전용 입시제도를 신설하겠다.

여러 유형의 전문대학원을 설계해,

중등교육이 입시의 전초전이 아니라,

실제로 삶을 설계하는 공간이 되도록 하겠다.

학령기 교육이 더 이상 미래를 유예하지 않도록,

교육의 현재가 곧 삶의 시작이 되도록 바꾸겠다.

대학입시는 학교 교육과정에 충실한 학생이

정직하게 진학할 수 있는 방향으로

전면 개편하겠다.

사교육이 아니라 공교육이
아이의 미래를 책임지는 사회.

지금 1년간 사교육비 총액은
국가 연구개발 투자비보다 많다.
이 구조로는 출산율도, 교육신뢰도도 회복되지 않는다.

교육행정의 중앙집권 구조도 과감히 분산하겠다.
교육부의 권한은 지방정부로 이양하고,
고등교육은 국가교육위원회로 이관하겠다.

고등교육법은 국공립과 사립으로 이원화하겠다.

책임과 자율, 역할을 명확히 나눠
제도 자체의 투명성을 높이겠다.

국공립대학은
연구중심과 교육중심으로 역할을 이원화하고,
국가의 전략투자 대상으로 격상하겠다.
미래 산업을 선도할 인재는
이 체계 안에서 길러질 것이다.

사립대학은 자율에 기반한 경쟁력 모델로 전환한다.
정부는 불필요한 개입을 거두고,
대신 시장 메커니즘과 사회적 평판이
그 질을 감독하게 하겠다.

사립대의 개성과 실험정신은
자율성 속에서 더욱 살아난다.

나는 교육을
국가 산업정책과 같은 무게로 바라본다.
K-반도체, K-방산, K-바이오를 말하기 전에
우리는 K-고등교육을 전략 산업으로 선언해야 한다.

교육은 미래를 만드는 일이다.
하지만 지금까지 우리는
미래를 위해 현재를 희생시키는 교육을 해왔다.

이제는 반대로 가야 한다.
현재를 존중하는 교육.
개인의 리듬에 맞는 교육.
인생 어느 순간에도 다시 시작할 수 있는 교육.

이것이 내가 제안하는
'완전히 새로운 대한민국'의 여덟 번째 국민정책이다.

교육은 공정한 기회이자,
사회 전체가 함께 책임지는 약속이다.

그리고 나는,
그 약속을 지금
다시 새롭게 쓰려 한다.

제9호 국민정책

대한민국 주거혁명 :
집 한 채가 인생을 삼키지 않는 나라

대한민국에서 집은

더 이상 주거의 의미를 가지지 않는다.

집은 투자수단이 되었고,

불안의 근원이 되었고,

삶의 선택지를 제한하는 족쇄가 되었다.

특히 서울과 일부 대도시는

좋은 정주 여건, 우수한 인프라, 안정적인 일자리,

모든 조건이 한곳에 몰려 있다.

그리고 그 집중은

부동산 가격의 불균형을 낳고,

대한민국 전체의 주거 체계를 왜곡시켜 왔다.

나는 그 흐름을 멈추고자 한다.

서울과 대도시 안에서,

이제는 전혀 새로운 방식으로

주거권을 다시 설계하겠다.

첫째, 서울과 대도시에 '조합회원권 주택' 제도를 도입하겠다.

이 방식은 기존의 분양 중심 모델이 아닌,

주거를 공동 소유·공동 운용하는 새로운 방식이다.

도로, 철도, 하천, 국공유지 등

도시 곳곳의 유휴공간과 지상권 위에

복합 주거 공간을 개발하고,

이를 고품질 임대주택과 조합회원권 주택으로 공급하겠다.

이제는 '서울에 집 한 채 장만하려다 인생이 끝나는'

이 흐름을 단호히 끊어야 한다.

주거가 인생의 전부가 되어선 안 된다.

둘째, 도농지역에도 유럽형 타운하우스 수준의

고품질 조합형 타운하우스를 계획하겠다.

이들은 단순한 시골 주택이 아니라,

교통·교육·문화 인프라를 갖춘

완결된 커뮤니티로 구성된다.

그렇게 우리는

서울에 몰리지 않고도

좋은 삶을 누릴 수 있는 또 하나의 선택지를 만들어야 한다.

셋째, 재개발·재건축 제도도 근본적으로 개편하겠다.

지금까지의 방식은

속도보다 이익에,

공공성보다 수익성에 치우쳐 있었다.

이제는 '몸 테크'라는 말이 사라지도록,

노후화된 주택에서 생활 자체가 고통이 되는 일이

더는 반복되지 않도록 하겠다.

이 모든 주거 혁명은

단순한 부동산 정책이 아니라,

삶의 질에 대한 국가의 응답이다.

우리의 건축, 주거, 도시 설계, 건설 산업까지
세계가 벤치마킹하는 K-라이프 인프라로 나아갈 수 있다.

나는 주거를
더 이상 경쟁의 결과가 아닌,
존엄한 삶의 전제로 보고자 한다.
이것이 내가 제안하는
'완전히 새로운 대한민국'의 아홉 번째 국민정책이다.

주거는 선택이 아니라 삶의 기초다.
그 기초가 안정되어야
일도, 교육도, 가족도, 미래도
제자리를 찾는다.
나는 그 제자리를
이제부터 새롭게 설계하겠다.

제10호 국민정책

글로컬 신산업 혁신 생태계 :
지역마다 다른 산업, 대한민국 모두가 사는 길

대한민국은 서울 메트로폴리탄으로 몰리고 있다.

사람도, 기업도, 기회도.

그 흐름은 멈추지 않았고,

그 결과는 지방소멸이라는 구조적 위기로 되돌아왔다.

지방은 지금

청년이 떠나고, 기업이 사라지고,

삶의 가능성이 점점 줄어드는 현실 앞에 서 있다.

이대로 둔다면,

대한민국은 몇 개의 도시만 살아남고

나머지 지역은 지워지는 나라가 될 것이다.

그러나 국토 전체가 살아 움직이지 않으면
국가의 미래도 없다.
지방이 정지하면,
국가의 성장은 멈춘다.

그래서 나는 제안한다.
각 지역마다 고유한
'글로컬 신산업 혁신 생태계'를 조성해야 한다.

이 정책은 지역의 분산을 목표로 하지 않는다.
지역이 중심이 되는 산업 생태계를 설계하려는 시도다.
그리고 그 핵심은 하나다.
혁신적인 기업이 지방에서 역동적으로 활동할 수 있어야 한다.
기업이 머무를 수 있는 여건을 만들지 못한다면,
대한민국의 지방소멸 문제는 결코 해결되지 않는다.

단순한 공장 이전이 아니라,
본사와 지주사, 연구소, 의사결정 핵심 기능이

지역에 뿌리내릴 수 있어야 한다.

이를 위해 나는
'산업혁신 전문회사' 제도를 도입하겠다.
현행 자산총액 10조 원 이상의
상호출자 제한 기업집단이
지주사 또는 본사를
서울 메트로폴리탄 바깥으로 이전할 경우,
상호출자 제한과 출자총액 제한 등
모든 규제를 전면 유예 또는 폐지하겠다.

이 제도는 단순한 규제 완화가 아니다.
대한민국 산업의 서울 메트로폴리탄 중심 구조를
해체하고 재설계하는 '제도적 대전환'이다.

기업에는 확실한 인센티브를 제공하겠다.
세제 감면, R&D 지원, 인재 채용 보조금,
규제 프리존 지정, 공공 인프라 우선 배정 등

전방위적 기업정착 패키지를 구축하겠다.

지방정부는 산업부처와 함께
지역 기반 산업 특화전략을 수립하고,
교육기관 및 연구기관과 연계해
지역 맞춤형 혁신 클러스터를 구성할 수 있다.

이 모델은 지역이
서울 메트로폴리탄을 따라가는 것이 아니라,
지역 스스로가 세계와 연결되는
자기 생태계, 자기 전략을 갖는
글로컬 구조로 진화하는 일이다.

핀란드 오울루, 독일 드레스덴, 미국 오스틴.
지방에 세계적 기술거점이 자리 잡은 사례는 이미 존재한다.
대한민국의 지방도
그렇게 변할 수 있다.
아니, 이제는 반드시 그렇게 해야 한다.

나는 서울 메트로폴리탄 집중이

기업도 사람도 공동체도 고립시키는

장기적 위험이라고 본다.

이제는 흩어져야 한다.

의미 있게 분산되고,

전략적으로 연결되어야 한다.

그 출발이

'산업혁신 전문회사'라는 제도 설계다.

이것이 내가 제안하는

'완전히 새로운 대한민국'의 열 번째 국민정책이다.

대한민국은 더 이상 서울 메트로폴리탄만의 나라가 아니다.

이제는 각 지역이

자기 산업, 자기 인재, 자기 생태계를 갖고

세계를 향해 문을 열 수 있어야 한다.

나는 그 문이

대한민국의 다음 100년을 향하고 있다고 믿는다.

2장

국민을 닮은
대통령의 약속

대통령의 '세 가지 책임' : 국민의 오늘, 내일, 그리고 장래의 삶에 대한 책임

방 안은 고요했고, 공기는 정지해 있었다.

창은 닫혀 있었고, 책상 위엔 펜과 종이 한 장이 놓여 있었다.

그것은 이 나라의 대통령으로 처음 마주한 새벽이었다.

내 이름 앞에 '당선'이라는 수식어가 붙었지만,

그 단어는 내게 어떤 환희보다 깊은 책임감을 먼저 불러 왔다.

나는 마틴 루터 킹이 남긴 문장을 떠올렸다.

"나에겐 꿈이 있습니다."

그 문장은 하나의 국가를 넘어 인류의 감각을 바꾸었고,

꿈이 사치가 아닌 권리라는 것을 처음으로 전 세계에 새겨 넣었다.

그가 말한 '꿈'은 단지 희망이 아니라

사회 구조를 바꾸겠다는 정치적 선언이었다.

나는 지금, 그 문장을 한국의 현실로 다시 써야 한다고 믿는다.

누구나 꿈꿀 수 있어야 하고,

그 꿈이 현실이 될 수 있어야 하며,

꿈을 통해 인생을 바꿀 수 있어야 한다.

인생역전이 가능한 나라.

그것이 내가 만들고 싶은 대한민국이고,

그것이 바로 나의 꿈이며, 우리 모두의 꿈이다.

나는 그런 삶을 살아왔다.

무언가를 소유하는 삶이 아니라,

무언가를 감내하는 방식으로 생을 꾸려 왔다.

어머니의 침묵은 삶의 무게를 대신했고,

그 침묵에서 나는 배웠다.

살아 내는 것이 정치보다 앞서야 한다는 것.

정치는 누군가의 고통에 대한 감각에서 출발해야 한다는 것.

정치는 말로 존재하지 않는다.

정치는 구조로 존재한다.

그 구조는 자원이 흘러가는 방향을 바꾸고,
기회가 머무는 위치를 조정하며,
삶의 질서를 재구성한다.

정치는 제도 이전에 태도이며,
제도가 된 태도는 반드시 책임을 동반해야 한다.
내가 대통령으로서 처음 붙든 단어는
어카운터빌리티(Accountability),
즉 **'설명 가능한 책임'**이다.

정치는 판단을 설명할 수 있어야 하고,
그 판단의 결과를 감당할 수 있어야 한다.
그 감당의 최종 책임이 대통령에게 있다는 것을,
나는 오늘 새벽 처음으로 명확히 인식했다.

나는 정치 지도자다.
정치 지도자는 꿈을 설계하는 자이자,
그 설계의 결과에 책임을 지는 자여야 한다.

진보와 보수는 대립하는 개념이 아니라
국민의 삶을 구성하는 조화로운 두 개의 기둥이다.
진보가 공감과 포용이라면,
보수는 책임과 해법이다.

이 시대가 요청하는 정치란
상대를 부정하는 정치가 아니라
함께 현실을 바꾸는 능력이다.

보수정당이었던 나의 정당은
그동안 책임을 말하면서도,
그 책임을 증명하지 못했다.
국민께서 민주화 이후 네 번의 집권 기회를 주셨지만,
우리는 IMF, 퇴임 후의 구속, 두 번의 탄핵이라는
비극적 결말을 맞았다.
우리는 책임을 회피했고, 시대의 과제에 침묵했고,
정치적 유불리에만 반응했다.
그 결과, '보수'라는 이름은 더 이상 신뢰를 얻지 못하게 되었다.

나는 이제 그 이름을 다시 쓰고 싶다.

보수의 본질은 본래 유능함이었고,

그 유능함은 문제를 해결하는 데 있었다.

나는 감정적 보수가 아니라

구조적 보수를 만들고자 한다.

비난의 정치를 끝내고, 대안의 정치를 시작하려 한다.

극우와 혐오가 잠식한 자리를

설득과 책임이 회복해야 한다.

그래야만 보수는 다시 유효한 정치가 된다.

정치란, 결국 국민의 삶을 구성하는 기술이다.

오늘의 삶은 **경제와 복지**로,

내일의 삶은 **교육과 과학기술**로,

장래의 삶은 **외교와 안보**로 이루어진다.

이 세 가지는 따로 흐르면 안 된다.

나는 이 축들을 하나의 흐름으로 엮는 구조를 설계하겠다.

정책은 분절되어 있지만, 삶은 결코 나뉘어 있지 않기 때문이다.

국민의 오늘의 삶, 내일의 삶,
그리고 장래의 삶에 대한 책임.
이것이 대통령이 감당해야 할 세 가지 책임이다.

그 구조는 반드시 국민의 언어로부터 출발해야 한다.
정책이란 책상 위에서 탄생하는 것이 아니다.

가정의 불안,
청년의 주저함,
노동의 고단함,
노인의 침묵.
그 모든 현실의 낮은 언어들에서 시작되어야 한다.

그래서 나는,
'함께 만드는 국민정책위원회'를 제안했다.
정치는 책임을 나누는 방식이어야 하며,

그 실천은 국민과 함께 이뤄져야 한다.

나는 국민과 함께
정책의 첫 문장을 써 내려가고 싶다.
평범한 대한민국 국민의 언어가
국가의 제도를 이루는 문장이 되도록 하겠다.

나는 위대한 인물을 흉내 내지 않겠다.
나는 이 나라의 구조를 새로 설계하는,
한 사람의 대통령으로 남고 싶다.

성과보다 책임을 먼저 말하고,
약속보다 감당을 먼저 보여 주는 정치.
그 정치야말로
지속가능한 대한민국의 출발점이 될 것이다.

이제 이 나라는
누구나 꿈꿀 수 있어야 한다.

그 문장이 나의 정치의 시작이자,

이 나라의 미래가 되어야 한다.

그리고 그 꿈은, 혼자 꾸는 것이 아니라

함께 실현해야 할 국가적 약속이다.

나는 그 약속의 첫 문장을 써 두었고,

이제 그 문장을,

국민과 함께 완성하고자 한다.

제2호 국민약속

오늘 삶을 지탱하고, 내일을 짓는 경제 : 2029년, 1인당 국민소득 5만 달러의 대한민국을

새벽의 골목은 정적에 잠겨 있었다.

아직 잠든 상점들 사이로,

철제 셔터를 밀어 올리는 자영업자의 손길이 작게 울렸다.

그 소리는 단순한 개점의 소리가 아니었다.

그것은 한 가정의 생계를 짊어진 무게, 내일로 나아가는 의지의

마찰음이었다.

나는 그 무게를 안다.

시골의 마른 흙먼지 사이,

어머니는 날마다 새벽 장바구니를 들고 시장으로 향했다.

그 손에 들린 바구니는 생필품만이 아니라,

집을 살리고 하루를 견디는 숨결이 담긴 그릇이었다.

경제란 숫자의 더하기가 아니다.

사람의 하루를 지탱하고, 내일을 꿈꾸게 하는 조용한 약속이다.

2025년 6월 4일, 대통령으로 맞이한 첫 새벽.

창밖은 아직 어두우나,

책상 위 펜은 결코 가볍지 않다.

세계는 격랑에 있다.

미·중 전략경쟁은 더 격렬해졌고,

트럼프 2기의 보호무역주의는 세계 공급망을 뒤흔든다.

우크라이나의 포성은 끝나지 않았고,

대만 해협의 긴장은 동아시아의 지도를 다시 그린다.

기후 위기는 자원을 삼키고,

고금리와 저출생은 한국의 미래를 조여 온다.

그 속에서 대한민국은 **과도한 서울 집중, 세대 갈등,**

교육과 주거의 구조적 불균형이라는 고리에 갇혀 있다.

가계부채는 2천조 원을 넘어섰고,

그 중 1,120조 원이 자영업자의 어깨에 얹혀 있다.

가계와 기업의 대출 연체율은 IMF 외환위기 이후

최악의 수준에 근접해 있다.

570만 자영업자 가운데 410만 명은

고용원 없는 '나 홀로 사장'이며,

75만 명은 무급 가족 종사자다.

그들 중 70%가 월 300만 원도 벌지 못하고,

연 소득 평균은 2천만 원을 넘지 못한다.

최저임금조차 보장되지 않는 삶이,

대한민국의 절반을 이루고 있다.

임시근로자 80만, 비정규직 850만, 실업자와 청년 무직자 200만.

이들을 합치면 1,540만 명.

전체 취업자의 55%에 달한다.

고용률은 60% 아래로 추락했고, 고용의 질은 악화되고 있다.

숫자는 냉정하다.

합계출산율은 세계 최저, 자살률과 노인빈곤율은 세계 최고,

어린이와 청소년의 행복지수는 바닥을 치고 있다.

2011년엔 국민의 42%가 계층이동을 꿈꿨다.

이제는 25%만이 희망을 품는다.

75%의 국민에게 '기회의 사다리'는 끊겼다.

나는 그 사다리를 다시 세우고자 한다.

홀어머니의 침묵 속에서, 나는 삶을 감내하는 법을 배웠다.

정치는 그 무게를 함께 지는 일이다.

나는 시골의 가난한 집에서 태어났고, 주류 사회로 들어섰다.

그러나 그 길은 결코 혼자의 것이 아니었다.

이웃의 손길, 스승의 격려, 공동체의 믿음.

그 신뢰의 사슬이 오늘의 나를 만들었다.

하지만 오늘, 너무 많은 이가 그 손길을 잃고 있다.

우리는 너무 오래 '국가의 성장'을 앞세웠다.

국민의 삶은 그늘로 밀려났다.

수도권은 비대해졌고, 지역은 쇠락했다.

교육은 경쟁의 수단이 되었고,

주거는 미래를 짓누르는 짐이 되었다.

이제는 바꿔야 한다.

패러다임을, 시선을, 국가 운영의 순서를 바꿔야 한다.

국민이 먼저 성장하고, 그 힘 위에서 국가가 서는 경제.

혁신 생태계가 중심이 되어 끌어가는 구조로 전환해야 한다.

가계의 숨통부터 틔워야 한다.

자영업자의 어깨를 누르는 1,120조 원의 부채는

단순한 숫자가 아니다.

그것은 한 사람의 새벽이고, 한 가정의 불안이며,

이 나라 경제의 바닥이다.

신용과 부실의 뿌리를 해결하지 않고서는

어떤 회복도 불가능하다.

국민재도전위원회는 실패의 고리를 끊고,

다시 시작할 수 있는 제도의 사다리를 놓는다.

한번의 실패한 도전이 삶의 끝이 아니라
다시 피어날 수 있다는 국가적 메시지가 절실한 지금이다.

서울에 과도하게 집중된 자원은 주거비를 부풀렸고,
가정의 숨통을 조였다.
주거혁명으로 불합리한 부담을 줄이고,
앞서 제시한 국민정책을 통해 가계의 실질소득을 높여야 한다.
사교육은 청년의 미래를 잠식해 왔다.
미래교육 대개혁으로 이 구조를 바로잡아야 한다.

저출생은 단순한 인구 문제가 아니다.
세대 간 분열이고, 공동체의 근간을 흔드는 위기다.
건강보험 재정을 강화하고,
수가 체계를 합리화하여 의료비 걱정을 덜어 낸다.
전 부처에 블록체인 기술을 도입해 행정을 투명하게 만들고,
그 결실을 복지로 돌린다.
증세 없이 소득을 높이고,
복지를 강화하는 구조적 전환이 시작돼야 한다.

일자리는 가계의 뿌리다.

양질의 일자리는 민간에서 온다.

기업 생태계가 숨 쉬어야 일자리는 태어난다.

그러나 지금, 기업도 위태롭다.

중소기업의 60%, 대기업의 31%가

이자조차 감당하지 못하고 있다.

전체 기업의 45%가 한계에 몰린 상태다.

플랫폼 경제와 인공지능의 전환은 기회이자 위협이고,

기후 위기는 자원의 흐름을 근본적으로 바꾸고 있다.

성장과 분배를 둘러싼 낡은 이분법은 이제 무의미하다.

우리의 경제 시스템은 전면적인 전환을 요구받고 있다.

나는 성장을 다시 일으키려 한다.

경제학 이론에서 성장 모델은 요소 주도, 효율 주도,

그리고 혁신 주도 모델로 진화해 왔다.

지금 이 경제 성장 모델은 또 다시 진화하고 있다.

미국은 이미 혁신 주도 성장 모델을 넘어,

혁신 생태계 주도 성장 모델을 선도적으로 만들어 가고 있다.

이 모델은 단지 기술을 넘어서, 기업, 대학, 지역, 자본, 정책이
서로 얽혀 새로운 질서를 만들어 내는 유기적인 동적 체계다.
우리는 지금 이 모델을 진지하게 참고해야 한다.

2023년 미국의 1인당 GDP(국내총생산)와 GNI(국민총소득)는
모두 8만 달러를 넘어섰다.
같은 해 G7 2위 국가인 독일은 5만 3천~5만 4천 달러 수준으로,
미국과는 뚜렷한 격차가 드러났다.
물론 미국은 구조적으로 불평등이 심한 사회이기도 하다.
그러나 여전히 '기회의 나라'로 작동하며,
사회적 이동성 지수는 대한민국보다 높다.
기회의 구조를 다시 짜야 할 이유가 여기에 있다.

AI·반도체, 배터리·에너지, 로봇·방산,
바이오·메디컬, 미래모빌리티.
이 다섯 개의 분야를 대한민국 슈퍼 성장엔진으로 지정하려 한다.
이 산업들을 국가 첨단 전략산업으로 재격상하고,
지역과 글로벌이 얽힌 혁신 생태계를 구축해야 한다.

산업구조 전환은 국가의 명운이 걸린 과제다.

지난 10년, 우리는 기회를 놓쳤다.

글로벌 공급망은 이미 재편되고 있고,

동아시아는 새로운 균형을 향해 움직이고 있다.

이제는 산업을 다시 설계해야 한다.

기업에는 창의성을, 제도에는 유연성을 심어야 한다.

'산업혁신 전문회사 제도'를 통해

기업이 스스로 혁신 생태계를 조성할 수 있는 토대를 만들고,

'규제 일람제'와 '규제 대응 기한제'로

기업이 혁신적인 도전에 나서게 해야 한다.

정책은 속도보다 방향이고, 자유보다 책임 있는 자율이다.

공공조달은 혁신의 씨앗이 되어야 한다.

연 200조 원 규모의 공공조달 예산을 경제적 조달, 포용적 조달,

혁신 조달로 구분하고,

혁신 조달 비중을 지금의 1%에서 30%까지 끌어올린다.

보조금은 줄이되, 창업과 성장을 이끄는 시장은 키운다.

민간의 혁신금융이 뿌리내리도록 제도를 개편한다.

대학은 독립적인 혁신 생태계를 조성해야 한다.

지역은 기업과 대학, 그리고 지역사회가 서로 얽혀

새로운 뿌리를 내려야 한다.

지방정부는 전략산업을 재구축하고, 지역 대학에 투자하며,

새로운 산업문화의 토대를 만든다.

혁신은 대도시의 빌딩뿐 아니라,

지역의 산업단지와 골목에서까지 싹터야 한다.

산업의 틀을 지탱하는 법제도 바뀌어야 한다.

상법의 회사법제를 단행법으로 분리해,

글로벌 스탠더드에 부합하는 기업법을 만든다.

일본은 이미 2005년에 이 길을 걸었다.

우리는 더 정교하고, 더 유연하게 설계해야 한다.

세제는 경제의 혈맥이다.

황금세율을 찾고, 이를 기준으로 성실 납부를 유도하고,

조세특례는 단계적으로 폐지한다.

소득세와 법인세는 감세로 가되,

소비를 활성화시켜 부가가치세를 늘리는 구조다.

영국은 어린이 의류에, 미국은 농수산물에 면세를 적용한다.

우리는 소비 구조와 가계 여력을 세밀하게 고려해,

이 균형을 섬세하게 설계한다.

세금은 징수의 수단이 아니라,

국가와 시민 간 신뢰의 언어여야 한다.

글로벌 무대는 디테일이 전략이다.

트럼프 2기의 보호무역주의는 위험인 동시에 기회다.

제조업의 속지주의 강화 속에서,

한국에 뿌리내린 기업을 적극적으로 품어야 한다.

혁신가와 기업가에게는 영국보다 실효성 있는

비자 프로그램을 제공할 것이다.

기술패권의 전선에 적극 참여해야 한다.

미국과 일본이 주도하는 국제 기술표준 제정에

능동적으로 개입해 대한민국 산업주권의 기반을 마련하겠다.

대한민국은 신기술·신산업의 글로벌 테스트베드가
되어야만 지속성장이 가능하다.

미국과는 산업주권 동맹을 맺고, 관세 장벽을 낮춘다.
아세안, 영국, 멕시코와의 FTA는 전략적으로 확대하고,
기존 협정의 실효성을 높인다.

산업, 기업, 고용 정책은 하나의 축으로 통합한다.
세 개의 부처를 통합하고,
통상과 자원에너지를 관할하는 국가위원회를 신설한다.
정부의 손은 크지 않아야 하지만, 방향은 단호해야 한다.

나는 꿈꾼다.
2029년, 1인당 국민소득 5만 달러의 대한민국을.

연평균 6.4%의 성장이 필요하다.
지금보다 세 배 이상의 성장률을,
단 한 해도 놓치지 않고 쌓아올려야 가능하다.

그러나 그 숫자는 단순한 목표치가 아니다.

그것은
자영업자의 새벽이 다시 희망으로 일어서고,
청년이 머뭇거림 없이 내일을 설계할 수 있는
구조의 전환을 의미한다.

제2의 한강의 기적은
한 사람의 꿈이 아니라,
국민 모두의 현실에서 출발해야 한다.

그 시작은
어머니의 장바구니에서,
골목의 셔터 내리는 소리에서,
그리고 **지역의 숨결**에서 일어난다.

나는 그 약속을
제도로 쓰고,

정책으로 설계하며,

국민과 함께 완성해 나간다.

이 경제는

단지 수치를 높이는 일이 아니라,

국민의 내일을 짓는 일이다.

그 첫 문장은, 지금 여기서 시작된다.

제3호 국민약속

삶을 지탱하는 복지 :
더 많이가 아닌 더 정확히

새벽녘, 한 여성이 부엌에서 쌀을 씻는다.

손끝에 닿는 물은 차갑고, 창밖은 여전히 어둡다.

그녀는 오늘도 공장으로 향할 것이다.

쉰이 넘은 나이에 시간당 만 원 남짓한 품삯을 받으며

아들의 학원비와 어머니의 약값을 동시에 짊어진다.

그녀의 하루는 조용하지만 무겁고,

그 무게 아래서도 국가는 아직 닿지 않았다.

이 장면은 하나의 사례가 아니라,

지금 이 나라의 수백만 삶이 마주한 새벽이다.

복지는 그 낮은 곳에서 시작돼야 한다.

소득 보장, 의료 보장, 교육 보장, 주거 보장, 사회 서비스,

그리고 가장자리에 선 이들을 위한 공공의 책임.

이 여섯 가지는 국가가 국민에게 약속해야 할

최소한이며 동시에 최대한이다.

그러나 지금, 이 구조는 낡고 비효율적이다.

복지 행정은 중복되고,

필요한 이들 곁에는 너무 늦게, 혹은 아예 닿지 않는다.

2024년 기준, 기초생활보장 수급자 230만 명 가운데

절반이 여전히 빈곤선 아래에 있다.

1년 이상 미취업 상태의 청년은 100만 명을 넘고,

여성 고용률은 54%에 머무른다.

통계는 사실을 말하지만,

그 이면의 숨소리까지는 담지 못한다.

복지의 구조부터 다시 설계해야 한다.

블록체인 기술을 적용하면,

지원의 중복을 줄이고, 사각지대를 좁히며,

행정 비용과 불투명성이라는 이중 과제를 동시에 해결할 수 있다.

이 점에서 미국 뉴욕주의 사례는 중요한 시사점을 준다.

뉴욕주는 복지 예산을 증세 없이 대폭 확대하면서도,
복지 행정의 디지털화를 통해 효율을 끌어올렸고,
무엇보다 민간 기업의 복지 인프라 참여를 제도적으로 유도했다.
공공과 민간이 복지의 공동 설계자가 되었을 때,
복지는 단지 비용이 아니라 성장의 인프라가 될 수 있다는 것을
증명한 셈이다.

복지는 더 많이가 아니라, 더 정확히여야 한다.
복지 행정의 혁신 없이는 구조의 확장도,
지속 가능성도 담보할 수 없다.

그러나 복지의 최종 목적지는 '일자리'다.
공공 일자리가 아닌, 민간에서 비롯되는 지속 가능한 기회.
국가가 줄 수 있는 가장 실질적인 복지는
스스로 설 수 있는 기반을 마련해 주는 일이다.

지금 우리 고용률은 62%다.
OECD 평균 75%와 비교할 때, 여전히 먼 거리다.

여성 고용률은 54%에 그치고,

장기 미취업 청년의 숫자는 매해 늘고 있다.

복지의 구조 안에서 이들을 일으켜 세우는 것이야말로

국가가 감당해야 할 가장 실제적인 책임이다.

이를 위해 복지를 산업으로 재편한다.

복지 기술(Welfare Tech), 사회 서비스,

지역 중심의 복지협력 모델은

새로운 일자리를 만들고, 민간의 창의성을 끌어올린다.

기업이 복지 인프라에 전략적으로 투자할 수 있도록,

세제 혜택과 제도적 유인을 설계한다.

핀란드의 사회적 기업 제도는 이 방향성을 이미 실증해 왔다.

복지, 일자리, 교육, 문화는 연결돼야 한다.

이를 위해 '포괄예산 제도'를 도입한다.

복합적 삶의 층위를 분절된 예산 항목이 아니라,

하나의 정책 흐름으로 기획하고 편성해야 한다.

정부의 역할도 다시 그어야 한다.

정부가 해야 할 일과 하지 말아야 할 일의 경계를 명확히 하고,

민간과 시장이 더 잘할 수 있는 영역은 과감히 넘겨야 한다.

정부는 직접 개입자가 아니라,

공공성과 지속 가능성을 설계하는 디자이너여야 한다.

이 구조 전환의 중심에는 두 개의 축이 있다.

바로 국민연금과 국민건강보험이다.

지금의 연금 체계는 2040년 고갈을 앞두고 있으며,

건강보험은 고령화의 물결을 감당하기에

구조적 내성이 부족하다.

이제는 미룰 수 없다.

범국가적 태스크포스를 구성하고,

모든 과정을 국민께 투명하게 공개한다.

덴마크는 연금 개혁을 국민투표로 이끌었고,

독일은 세대 간 합의로 건강보험 구조를 재편했다.

우리는 이 두 나라가 보여 준 방향에서
한국만의 해법을 찾을 수 있어야 한다.

정부 조직도 함께 바뀐다.
복지와 보건을 분리하고,
복지·여성가족·문화체육 기능을 통합하여
'복지문화체육부'로 개편한다.
이는 단순한 명칭 변경이 아니라,
중복을 걷어 내고 책임 흐름을 명확히 하는 구조 개혁이다.

특히 여성가족부의 재편은
2030 남성과 청년에게 공정한 복지 구조로의
전환을 상징하게 될 것이다.

복지는 온도를 가진 구조여야 한다.
사람이 무너지는 지점을 가장 먼저 알아채고,
국가는 조용히 곁에 서야 한다.

삶이 가장 조용히 흔들릴 때,
국가는 가장 분명한 손으로 닿아야 한다.

우리는 그 구조를 다시 짓는다.
삶의 무게를 함께 나누고,
내일을 함께 설계하는 복지.
그 약속의 첫 문장은 국가가 쓰되,
그 다음 문장은 우리 모두가 함께 써야 한다.

제4호 국민약속

교육이라는 구조 :
한 사람의 미래 삶을 설계하는
국가의 약속

아침 여섯 시, 아이는 아직 꿈에서 돌아오지 못한 눈으로 일어난다.

엄마는 미리 준비해 둔 가방을 들려 주며 말한다.

"오늘도 학원 먼저 가야지, 학교는 오후니까."

그 집의 식탁 위에는 아침밥 대신 쪽지가 놓여 있다.

"열심히 해, 너만은 나처럼 살게 하고 싶지 않으니까."

한 줄의 문장이 우리나라 교육의 현실을 말해 주고 있었다.

우리 교육은 아이를 성장시키는 것이 아니라,

부모의 불안을 위로하는 구조가 되어 버렸다.

이 구조를 다시 설계하는 일,

그것이 지금 국가가 감당해야 할 교육이다.

국민 보편교육의 범위를 전면 확대하겠다.

영유아 교육에서 고등학교까지,

전 과정의 의무교육화를 실시한다.

이는 단지 무상교육의 개념이 아니다.

한 사람의 성장이 출발선부터 불평등하지 않도록 하겠다는

국가의 구조 설계이자,

3040 학부모 세대에게 가장 직접적인 신뢰의 표현이다.

교육은 복지의 이음선이다.

우리는 복지 정책과 교육 정책을 분리하지 않는다.

생애 전 주기 복지와 국민 보편교육을 결합해

삶의 전 과정에 학습의 연속성이 흐르도록 하겠다.

교육은 한 시기의 임무가 아니라, 한 생애의 권리다.

이를 위해 교육기본법을 전면 개정하겠다.

초·중등 교육을 '입시의 장'이 아니라

성인의 삶을 준비하는 공간으로 다시 정의하고,

개인 맞춤형 학습권을 법으로 보장하겠다.

아이의 속도, 생각, 관심은 서로 다르다.

그러나 지금의 교실은 모두를 같은 선에 세운다.

우리는 그 선을 지우고,

각자의 길을 따라 나아갈 수 있도록 설계하겠다.

교육은 다양성과 속도의 균형을 잃었고,

그 결과가 사교육이다.

지난해 기준, 사교육비는 연간 30조 원에 육박했다.

비공식적으로는 50조 원 이상으로 추정된다.

이는 정부의 전체 연구개발 투자비보다 많은 수치다.

이 숫자는 단지 경제의 문제가 아니라,

국가 교육정책이 실패한 구조의 진단서다.

사교육 과잉의 배경에는 고등교육의 획일화와 서열화가 있다.

모든 것이 하나의 길로 향한다.

의대 입시라는 좁은 문으로

수십만 명의 아이와 부모가 몰려든다.

다양성은 사라지고, 창의는 설 자리를 잃는다.

국가의 고등교육 정책이

긴 안목과 선제적 구조 개편을 실패한 결과다.

이제는 선포해야 한다.

고등교육 체계를 전면적으로 재설계한다.

우선, 국공립대학을

연구중심 대학과 교육중심 대학으로 유형화하고,

그 목적에 따라 통폐합과 집중 투자를 단행하겠다.

국운을 건 투자로 세계적 수준의 연구 및 교육 경쟁력을 확보한다.

이를 위한 국공립고등교육법을 제정하고,

각 대학의 기능에 맞는 재정준칙을 구분하여 설계한다.

현재 국공립대학은 대부분 비서울 지역에 위치해 있다.

따라서 이 정책은 동시에

지역균형 발전과 서울 과밀 해소의 구조 개편이기도 하다.

사립대학도 국가 교육 시스템의 일부다.

우리는 사립고등교육법을 제정하여
설립부터 퇴출까지 전 주기를 제도화하고,
자율형 사립대학, 연구중심 사립대학,
지역산업 연계형 위탁 교육대학 등
다양한 유형의 제도적 틀을 만들겠다.
이는 사립대학의 자율성과 공공성의 균형을 회복하는 개혁이며,
사립대학이 미래 첨단산업 교육의 선도자가 될 수 있도록
유도하는 전략이다.

이와 함께, 정부의 교육 행정 구조도 재설계한다.
고등교육 관련 기능은 교육부에서 국가교육위원회로 이관하고,
영유아, 초·중등, 평생교육은 지방정부로 이양한다.
이는 교육의 정치적 독립성과 현장 실행력을
함께 높이기 위한 조치다.

중앙정부의 **교육부는 '미래교육인재부'로 개편하여**
일상의 교육 운영에서 벗어나,
국가의 미래전략 교육과 인재 육성에 전념하는 조직으로

기능 전환하겠다.

교육은 한 사람을 세우고, 한 세대의 가능성을 여는 일이다.

이제 우리는 교육을 시험과 점수의 구조가 아니라,

사람의 가능성과 사회의 다양성을 설계하는 구조로 바꿀 것이다.

교육은 국가의 얼굴이며, 내일을 여는 문이다.

그 문을 여는 첫 번째 열쇠,

우리는 다시 국민 앞에 내놓는다.

제5호 국민약속

과학기술 :
국가의 운명을 다시 설계하는 일

새벽 어스름, 아직 기온이 채 오르지 않은 시각.

한 청년 연구자가 대학 실험동에 들어선다.

조용히 커피를 내려놓고 장갑을 끼는 손끝에,

그의 일과가 시작된다.

논문도 없고, 언론에도 오르지 않는 작은 실험 하나.

그러나 그는 알고 있다.

그 실험의 끝에, 누군가의 병이 낫고

어딘가의 산업이 탄생하며

이 나라의 내일이 조금 더 열릴 수도 있다는 것을.

과학기술이란,

그처럼 고요한 손끝에서 시작되는 국가의 구조다.

대한민국은 오랫동안 세계에서 가장 많은 연구개발 투자를 해온 나라다.

GDP 대비 5%, 세계 1위.

그러나 그 성과는 산업으로, 일자리로, 삶으로

잘 이어지지 않는다.

성과가 구조로 전환되지 못한다면,

이는 제도의 문제이자, 국가 설계의 실패다.

우리는 과학기술을 다시 설계하겠다.

기술 그 자체가 아니라,

그 기술이 제도와 사람, 산업과 교육을 관통하며

하나의 구조로 이어지도록 하겠다.

먼저, 지역 기반 연구와 산업을 잇는 허브로

국립 연구중심대학을 설치한다.

현재의 거점 국립대학 본캠퍼스와 정부출연 연구기관을 통합해

지역 혁신 생태계의 중심축이 되도록 하며,

산학연이 함께 호흡하는 구조를 구축하겠다.

이와 함께 꼭 필요한 분야에 한해

'**국가연구소(National Lab)' 제도**를 도입하겠다.

이는 단순한 연구시설이 아니라,

국가가 전략적으로 관리하는 기술안보의 영토이자,

산업화와 기술자립의 마지막 책임이 닿는 자리다.

지금의 4개 과학기술원과 한국에너지공과대학,

그리고 과학기술연합대학원대학교와 한국과학기술연구원을

통합해

'통합 한국과학기술원'으로 개편한다.

법률적 기반을 새롭게 마련하고,

연구와 교육이 하나로 융합되는 고등과학인재 양성과

초거대 과학기술 연구의 최고 기관으로 설계한다.

이는 세계 최고 고등연구기관으로 부상한

중국과학원과의 대등한 경쟁을 위한

대한민국의 '지식·기술 방위 전략'이자,

국운을 건 미래 준비다.

민간 영역에도 새로운 길을 열겠다.

연구중심 사립대학 제도와 함께

'연구개발 전문회사' 제도를 도입한다.

신진 박사와 박사 후 과정 연구자들이

자신의 실험실이 아닌, 자신만의 회사를 갖도록 하겠다.

연구중심대학과 대등한 산학협력 지위를 부여하고,

그 성과가 **지식 재산과 디지털 자산의 형태로 거래**될 수 있도록

민간 지식자산거래소를 설립하겠다.

과학기술인은 이제

국가의 운명을 책임지는 전문가이자,

정당한 소득과 자산의 주체가 되어야 한다.

과학기술인이 가난해서는 안 된다.

그들이 부유해질 수 있을 때,

대한민국은 진짜 과학기술강국이 된다.

정부의 연구개발 투자도 혁신하겠다.

그 규모만이 아니라,

방식 자체를 구조적으로 바꾸겠다.

모든 과제는 **제안형과 공모형으로 구분**하여

국가 전략과 연구자 자율의 균형을 설계하고,

심사위원 구성과 결과는 미국처럼 **사전·사후 전면 공개**하겠다.

공정과 신뢰가 뿌리내리지 않는 구조 위에

혁신은 자라지 않는다.

특히 상향식 제안형 과제는 미국의 'I-Corps(혁신특공대)'처럼

기초연구에서 상업화까지

전 주기를 아우르는 방식으로 개편하겠다.

연구는 논문으로 끝나는 것이 아니라,

삶과 산업으로 이어지는 시스템으로 완성되어야 한다.

민간의 연구개발 투자는

과세 체계를 통해 강하게 유도하겠다.

기업의 연구개발 투자세액 공제를 **파격적으로 확대**하고,

개인과 기업이 **국가과학기술혁신펀드**에 자산을 출자할 경우

양도세·소득세 전반에 걸쳐 **세액공제를 대폭 적용**하겠다.

이제는 자녀의 사교육이 아닌

과학기술 혁신에 투자하는 사회,

대한민국의 구조를 근본부터 바꾸는 세제 설계로 나아간다.

이 구조의 관리는 **정부 조직 개편**으로 이어진다.

현행 과학기술정보통신부는

과학기술혁신부와 디지털부로 개편한다.

과학기술혁신부는 전략 기술 개발과 산업 연결,

연구 자율과 평가 설계를 담당하고,

신설되는 **디지털부는 디지털 경제·산업·사회 전반의 트윈 체계**를

총괄한다.

대한민국은 디지털문명 선도국가로 도약할 준비를 마쳐야 한다.

우리는 선언한다.

K-과학기술 대도약 2029.

2029년, 한국인 달 착륙.

중국보다 1년 앞선 도전.

우리는 '우주에서 시작되는 국가 리셋'을 준비한다.

누리호, 다누리, 유인우주선.

그 기술은 하나의 우주기술이 아니라

산업기술, 에너지기술, 국방기술로 연결되는

K-우주혁신경제 플랫폼의 시작이다.

이제 과학기술은 국가의 중심 산업이 되고,

교육·일자리·지역혁신이 그 구조 안에서 연결된다.

과학기술인은 이제

이 나라의 미래를 설계하는 주권자다.

그들의 자율성과 보상, 도전의 기회를

미국 수준으로 끌어올리겠다.

과학기술인을 위한

가장 좋은 연구 환경을 갖춘 나라,

그곳이 곧 산업주권을 가진 나라다.

대한민국 전역에

과학기술 기반의 혁신 슈퍼 클러스터를 확산한다.

거점국립대와 정부출연 연구기관이 지역 전략 산업의 중추가 되고,

통합 과학기술원은 국가 연구인재의 핵심 허브가 된다.

지식이 실험실에 갇히지 않고

지역과 기업, 산업과 공동체를 이끄는 구조.

그것이 우리가 설계할 대한민국의 다음 엔진이다.

과학기술은 이제

산업과 외교, 국방과 복지, 교육과 문화의 기반이다.

그 기반이 단단할 때,

국가는 흔들리지 않는다.

이제 우리는

과학기술로 국가의 운명을 다시 설계한다.

실험실에서 대한민국의 지속가능한 미래를 열 것이다.

국토를 넘어 국민을 지키는 군 :
총보다 무거운 명예와 구조의 재설계

군복의 단추를 채우는 손끝은 묵직하다.

하루를 시작하는 젊은 병사의 얼굴에 이른 아침 햇살이 스친다.

그는 자신이 지켜야 할 경계선이

지형이 아니라 사람의 마음이라는 것을 알고 있다.

총을 들지만, 총만 믿지 않는다.

그의 사명은 단지 물리적 충돌을 준비하는 일이 아니라,

국가가 존재한다는 사실을 증명하는 것이다.

대한민국의 군은 북한을 분명한 주적으로 인식한다.

우리는 이 원칙을 분명히 한다.

그러나 주적의 존재가 곧 안보의 전부는 아니다.

전쟁의 양상은 빠르게 변하고 있고,

그 변화는 이미 기술의 형태를 띠고 일상 속에 들어와 있다.

AI 기반 무인 자율무기가 보편화되는 시대.
우리는 모병제의 도입 가능성을 열어 두고,
군의 전문화, 그리고 국제화를 체계적으로 준비해야 한다.
정예화된 병력과 정밀화된 기술은
양적 동원보다 높은 전투력을 확보할 수 있다.
우리 군의 구조는 사람을 줄이는 것이 아니라,
책임과 능력을 높이는 방식으로 재편되어야 한다.

무엇보다 군은 '국민을 지키는 마지막 수단'이어야 한다.
평시와 사변의 구분은 더 분명해져야 한다.
우리는 군이 전시나 사변이 아닌 평상시,
국민을 대상으로 군사적 행동을 취하는 일이
헌정질서 안에서 다시는 단 한 차례도 허용되지 않도록
계엄법을 보다 엄정하게 개정하겠다.

군이 존재하는 이유는 국가를 지키기 위해서이며,
그 국가란 헌법과 국민이 함께 이루는 공동체이다.
따라서 군의 존재는 언제나 국민을 향한 충성과

헌법에 대한 절제된 복무로 증명되어야 한다.

군복의 무게는 총기보다 무겁고,

국가가 그 무게에 응답하지 못하면

그 사명은 침묵으로 굳어간다.

우리는 군 복무에 대한 실질적인 처우 개선과 함께

군인의 사기와 자부심이 함께 높아질 수 있는

종합 복지 환경을 구축하겠다.

복무를 마친 이들, 재향군인들에 대한 예우 역시

이제는 말이 아닌 구조로 보여줘야 한다.

전역증이 곧 명예가 되는 사회.

공공과 민간 영역 모두에서

미국의 베테랑 시스템처럼

제대군인을 우대하고 활용하는 프로그램을 도입하겠다.

2030세대 남성들이 군 복무를 이행한 그 경험이

사회적 자산으로 환대받을 수 있도록,

제도와 인식 모두를 함께 개혁하겠다.

시선을 세계로 넓히면,

지금의 국제 안보 지형은 분명한 대치를 형성하고 있다.

한쪽에는 미국, 일본, 유럽의 강고한 동맹 체제,

다른 한쪽에는 중국, 러시아, 북한의 연합 구도.

우리는 단순히 미국과의 동맹에 기대는 나라가 아니라

일본보다 더 강력한 한·미 안보동맹을

재구축하는 국가 전략을 수립해야 한다.

이를 위해 현재 호주·영국·미국이 주축이 된

AUKUS(오커스)와 같은 다자안보외교에 적극적으로 참여하고,

미국의 인도태평양 전략에서

대한민국이 '선도 파트너 국가'가 되도록 안보 외교를 전환하겠다.

우리는 이 체계를 바탕으로

'통합 억지력(Integrated Deterrence)'을 완성할 것이다.

이는 단순한 무기 보유가 아니라,

전략·기술·정보·동맹을 결합한 안보의 총합이다.

'소프트웨어 정의 전쟁'이 주류가 된 이 시대에,

방위산업 역시 하드웨어 중심에서 벗어나

AI·자율무기·정보작전 체계로 혁신되어야 한다.

트럼프 2기 정부는

한미 방위비 분담금 증액 요구를 지속할 것이다.

우리는 여기에 **전략적 협상력**으로 대응하겠다.

증액 요구를 단순한 현금부담으로 수용하는 것이 아니라,

현물 분담과 미군 무기체계의 유지보수(MRO) 협력으로

연결하고,

그 협력이 한국 방위산업의 매출과

기술력 향상으로 이어지도록 하겠다.

한미동맹은 단순한 군사 공조가 아니라,

상호 방위산업 생태계의 전략적 파트너십으로 재정의되어야 한다.

안보는 무기를 통해 확보되는 것이 아니라,

국가가 국민을 어떻게 지키는지를 통해 입증되는 것이다.

그리고 그 지킴은 단지 국경선의 방어가 아니라,

헌법과 공동체를 지키는 모든 태도와 구조를 포함한다.

대한민국의 안보는 이제
군의 정예화, 기술의 고도화, 동맹의 전략화,
그리고 국민과의 신뢰 속에서 완성된다.

우리는 총보다 책임이 무거운 군을 원한다.
기억보다 더 깊게 기록되는 예우를 설계한다.
국방이 구조가 되고,
그 구조가 정의를 품을 때
국가는 흔들리지 않는다.

제7호 국민약속

외교와 국제관계 :
관계의 기술로 세계를 설계하는 나라

한류 스타가 공연을 마친 뒤 퇴장하자,

조용히 자리에서 일어선 관객들 사이로 한 문장이 흘렀다.

"그 나라는 대체 어떤 곳일까?"

화려한 무대 뒤에 있는 국가,

그 음악을 가능케 한 언어, 제도, 가치.

그들은 대한민국이라는 이름을 문화로 만나고,

그다음은 관계로 연결되기를 기대한다.

외교는 그렇게 시작된다.

설득 이전에 신뢰로, 전략 이전에 공감으로.

대한민국은 이제 단지 선택받는 국가가 아니라

함께하고 싶은 국가가 되어야 한다.

윤석열 정부가 제시한 "글로벌 중추 국가" 비전은

그 방향에서 우리가 계승하고 발전시켜야 할 전략적 자산이다.

외교는 동맹을 유지하는 일이자,

새로운 이해관계를 만들어 가는 일이다.

우리는 기존의 **한·미·일 안보 협력 체계**를

더욱 내실 있게 강화하고,

이 체계가 단지 군사적 차원을 넘어서

과학기술·경제안보·공급망까지 확장될 수 있도록

전략적 통합을 추진하겠다.

또한 유럽과의 관계를 동유럽과 서유럽으로 나누지 않고

산업·기술·녹색전환의 파트너십으로 통합하여

대한민국이 유럽 산업생태계의 핵심 기술국가로

자리잡도록 하겠다.

유럽은 우리의 시장이 아니라,

공동 설계자로 대해야 할 대상이다.

더불어 글로벌 외교의 무게 중심이 바뀌고 있다.

우리는 **인도, 아세안, 중동, 아프리카**와의

산업·경제·안보 외교를 전면 재설계할 것이다.

이는 단순히 신흥시장 개척을 넘어

중국 경제의존도를 분산하는 국가 전략의 전환이며,

예기치 못한 중국의 경제보복이나

지정학적 불확실성에 대응하기 위한

경제안보 기반 구축의 핵심 전략이다.

이 전략은 단지 무역 다변화가 아니라

글로벌 산업경쟁에서의 생존 전략이다.

대한민국은 이제 수출국이 아니라,

글로벌 가치사슬의 지배국가로 전환되어야 한다.

국가의 리더십은

안보와 경제만으로 완성되지 않는다.

우리는 **문화와 과학기술,**

그리고 사람의 매력으로 리더십을 만들어내는 국가,

그런 나라가 되어야 한다.

K-팝 스타, K-드라마 배우, K-콘텐츠 제작자.

이제 그들은 단순한 연예인이 아니라
대한민국의 민간외교사절단으로 활동하게 될 것이다.
그들이 세계인의 감정을 건드릴 수 있다면,
그 감정은 외교가 품어야 할 첫 번째 동력이다.

이를 제도화하기 위해 '국민외교관제'를 도입하겠다.
국가로부터 정식 위촉을 받은 민간외교관 풀을 대폭 확대하여,
우리 국민 누구나 자신이 '국가의 얼굴'이라는 인식 아래
세계와 접촉하고, 문화를 공유하고,
신뢰를 전할 수 있도록 하겠다.

대한민국은 더 이상 공무원만이 외교를 수행하는 나라가 아니다.
콘텐츠 산업 종사자, 청년 창업가, 기술연구자, 유학생 모두가
대한민국의 이름으로 세계와 소통할 수 있는
국민기반 민간외교 구조를 설계하겠다.

외교는 국가 이미지의 총합이 아니라
국민 한 사람 한 사람이 세계를 대하는 태도의 총합이다.

국민 모두가 외교관이라는 인식,
그 구조적 기반을 우리는 제도로 완성할 것이다.

이것은 문화의 문제이자,
국가 생존의 문제이며,
우리 안보의 기반이기도 하다.

국제사회는 군사보다 관계를,
무기보다 연결을 더 길게 기억한다.

대한민국은 이제
기술과 콘텐츠, 외교와 신뢰, 산업과 문화가
유기적으로 연결되는 구조 속에서
글로벌 중추 국가의 실체를 실현할 것이다.

그리고 그 실체는
우리 국민의 얼굴과 언어, 태도와 이야기 속에서
하나의 나라로 완성될 것이다.

제8호 국민약속

국정을 바꾸는 첫 번째 손길 : 정부 조직을 바꾸는 일부터

그는 그렇게 말했다.

국가의 손발이 달라야 국민의 일상이 바뀐다고.

정부의 이름은 헌법의 본문보다

사람들의 삶에 더 가깝게 다가가는 언어여야 한다고.

2025년 봄, 대한민국은 여전히 커져만 가는 정부를 품고 있었다.

19부 3처 20청 6위원회.

이 작은 나라에, 이 작은 국민에게는 너무 많은 명패였다.

일본은 11부, 미국은 15부, 프랑스도 독일도 15~16부에 그친다.

그들은 우리보다 땅도 넓고, 사람도 많다.

그러나 우리는 '작은 정부'라는 명분조차도

너무 오래 잊고 살아왔다.

정부는 커졌지만, 국민의 고통은 작아지지 않았다.

부처 간 칸막이는 예산을 나누고,

규제를 중첩시키고, 혁신을 가로막았다.

그리고 무엇보다, 책임이 분산되었다.

이제는 그 뿌리부터 바꾸어야 한다.

작고 유능한 정부.

그 원칙이 새로운 정치의 첫 문장이 되어야 한다.

● 우선, 기획재정부는 재정 중심 부처로 집중시킨다.

   일반 기획 기능은 타 부처로 분산 이전하고,

   전체 재정 운용의 투명성과 효과성에 전념하도록 한다.

● 국가 혁신을 주관할 과학기술혁신부는

   기존 과학기술정보통신부에서 출발하되,

   정보통신 기능은 과감히 분리한다.

   국가 혁신 생태계의 주무 부처로 활동한다.

- 분리된 정보통신 기능은 디지털부로 확대하며,
  범정부의 디지털 트윈 구축과 사회 전체의
  디지털 전환을 책임지게 된다.

- 교육부는 미래교육인재부로 새롭게 태어난다.
  과거처럼 일상의 교육 행정을 반복하는 부서가 아니라,
  대한민국의 교육을 미래로 이끄는 혁신 부처로 전환되어야 한다.

- 외교부와 통일부는 분단 체제와 국제 정세의 전환을
  통합적으로 다루기 위해 외교통일부로 통합 재편된다.

- 법무부는 법무정의부로 이름을 바꾸고,
  정의의 회복과 법치주의의 강화, 그리고 마약과 사기 등
  국가적 강력 범죄와의 전면전에 나설 것이다.

- 국방부는 현재를 유지하되, 방위사업청의 기능을 대폭 확대하여
  K-방산의 혁신과 글로벌화를 이끄는 기관으로 재정립한다.

● 행정안전부와 국가보훈부는 행정안전보훈부로 통합된다.

　행정의 중복을 줄이고, 국가적 헌신에 대한 예우를

　더 넓고 깊게 통합하는 방식이다.

　지방정부에 대한 관리·감독 권한은 과감히 내려놓는다.

　지방은 스스로 성장할 수 있어야 하며,

　국가는 이를 방해해서는 안 된다.

● 복지부와 여성가족부, 문화체육관광부는

　복지문화체육부로 통합된다.

　보편복지의 틀 안에서 성평등과 아동, 가정에 관한 정책을

　균형 있게 다루며,

　국민 삶 가까이에 있는 복지로 다시 설계한다.

● 농림축산식품부는 수산 기능을 병합하여 식량자원의 통합 관

　리 체계를 갖춘다. 국가의 먹거리 주권을 확보하고, 농어촌의

　지속 가능성을 함께 살핀다.

● 산업부, 고용부, 중기부는 기업산업고용부로 통합된다.

분절된 실물경제 부처를 하나로 통합하여 산업, 기업, 일자리의 선순환 구조를 만든다.

그 하위에는 통상위원회와 자원에너지위원회를 신설하여 전문성을 보완하고 균형 잡힌 정책 구도를 마련한다.

● 보건부와 환경부는 보건환경부로 재편된다.

건강한 국민과 쾌적한 삶은 더 이상 분리된 영역이 아니라 하나의 체계로 통합되어야 한다.

● 국토부와 해수부, 우주항공청은 국토해양우주항공부로 통합된다.

영토, 영해, 영공, 그리고 우주로까지 확장된 국가공간의 전략적 관리가 필요하다. 이에 더해 국가교통위원회를 설치하여 지역과 세계를 잇는 입체적 교통망을 설계한다.

이러한 개편을 통해 우리는 19부에서 13부 체제로 전환하게 된다.

명칭만 바꾸는 것이 아니다.

조직의 철학과 작동 방식,

그리고 책임 구조 자체를 재설계하는 일이다.

더 나아가,

행정 권력의 분산을 위해 총리제를 폐지하고 부통령제를 신설한다.

대통령에게 집중된 권한과 책임을

러닝메이트 방식의 부통령과 함께 나누고,

대통령 4년 중임제를 통해 책임정치의 구조를 제도화한다.

이는 2028년 국회의원 총선과 병행하여

개헌 국민투표를 추진할 것이다.

국가조직의 개편은 단순한 조직 정비가 아니다.

그것은 새로운 정치 구조에 대한 선언이며,

국민과 국가 사이의 계약을 다시 쓰는 일이다.

이제 정부는 커지는 것이 아니라,

국민에게 더 가까워져야 한다.

정책은 많아질 것이 아니라,

국민의 언어로 단순하고 명확해져야 한다.

그 변화의 이름을 우리는

'책임 있는 작고 유능한 정부'라 부른다.

그리고, 그 첫 문장은 오늘부터 시작된다.

제9호 국민약속

연방의 나라, 통일을 준비하는 정치 :
나라의 지도부터 바꾼다

대한민국은 더 이상 좁은 나라가 아니다.

우리는 인구 5천만의 국가지만,

통일을 준비하는 8천만의 나라다.

우리는 작게 움직이고 있지만,

세계의 한가운데서 살아가는 사람들이다.

그러나 지금의 행정지도는 그 확장의 시대에 어울리지 않는다.

서울만을 향해 흐르는 인구, 거기에만 몰리는 기회,

지방은 천천히 사라지는 중이다.

이대로라면 통일한국은 고사하고,

대한민국 자체가 몇 개 도시만 남긴 채 쪼개질지 모른다.

이제는 새로운 구조, 새로운 판이 필요하다.

우리는 연방제로의 전환을 제안한다.

이는 단순한 지방분권이 아니다.

국가의 구조를 바꾸고, 풀뿌리 민주주의를 회복하며,

미래의 통일을 제도적으로 준비하는 일이다.

스위스와 벨기에를 보라.

우리보다 작은 땅, 더 적은 인구를 가진 그 나라들이

연방제 속에서 더 강한 정체성과 더 분명한 자치를 누리고 있다.

대한민국은 왜 안 되는가.

우리는 이미 준비된 나라다.

다만, 결단만이 남았다.

그 결단은 다음과 같은 새로운 국가 구조를 향한다.

서울과 경기북부, 강원도를 묶은 **경강주**,

경기남부와 인천을 아우르는 **경인주**,

대전과 충청남북도를 하나로 합친 **충청주**,

광주와 전라남북도의 **전라주**,

부산, 울산, 대구, 그리고 경상남북도의 **경상주**,
그리고 대한민국 혁신의 최전선 **제주특별자치주**.

이렇게 다섯 개의 일반 주와 하나의 특별자치주,
그리고 국가의 심장부 **세종특별시**가
새로운 대한민국의 뼈대를 이룬다.

이는 단순한 행정구역 개편이 아니다.
자율과 책임, 균형과 확장을 제도적으로 설계한
새로운 국정의 틀이다.

국방과 외교를 제외한 대부분의 행정 기능은
주 정부로 이양된다.
그것은 **국가가 일을 내려놓는 것이 아니라,**
국민이 국가를 더 가까이 갖게 되는 구조다.

세종은 완전한 수도가 된다.
대통령실이 세종에 자리잡고, 국회 역시 세종으로 이전한다.

서울은 경제·문화의 중심으로 남고,
세종은 국정의 심장으로 뿌리를 내린다.

그에 따라, 국회 또한 양원제로 개편되어야 한다.
각 주의 이해와 국가의 균형을 조화시키는 정치 구조.
이것이 바로 연방제를 지탱하는 헌정 질서다.

한국은행도 새로워진다.
미국의 연방준비제도(Federal Reserve System)처럼
주 간의 통화정책 기반과 재정조정 능력을 갖춘
대한민국형 연방준비은행으로 재설계해야 한다.

각 주의 격차를 조정하고,
공정한 발전의 기초를 만드는
균형재정 기구 역시 반드시 필요하다.

이러한 개편은 단지 행정의 논리가 아니다.
이는 **시대정신**이다.

통일을 준비하는 나라,

서울 일극을 넘어선 공존의 정치,

지방과 도시, 산업과 생태가 함께 살아가는

2025년 이후 대한민국의 필연적 전환점이다.

그러므로, 국민과 국회께 간곡히 요청드린다.

이제는 새로운 국가 운영 체계를 위한

개헌의 결단이 필요한 때다.

지방을 살리는 것이 곧 나라를 살리는 일이다.

연방은 분열이 아니다.

오히려, 진정한 통합이다.

대한민국의 다음 세대에게

더 넓고, 더 유연한 나라를 물려주자.

제10호 국민약속

새로운 세대를 위한 국가 설계 :
인재를 세우는 나라

사람이 나라를 만든다.

사람이 기둥이 되어야, 나라는 허물어지지 않는다.

세금보다 앞서야 할 것은 신뢰이며,

제도보다 튼튼해야 할 것은 사람이다.

나는 올해 일흔이다.

그러나 오늘의 정치는 더 이상 나의 세대가 주인일 수 없다.

이제는 40대와 50대가

대한민국의 권력과 책임을 함께 짊어질 시간이다.

정치는 물러서는 자리가 아니라,

다음 사람을 기다려 주는 자리다.

나는 그 자리를 지키되, 내어 줄 준비를 마쳤다.

그러나 대한민국에는

젊은 국가 지도자를 발굴하고 육성하는 공공의 제도가 없다.

정치는 선거에서 사람을 고르지만,

국가는 미래를 위해 사람을 길러야 한다.

내가 대통령이 되어 해야 할 가장 중요한 일은

국가가 사람을 기다릴 수 있는 시스템,

그 길을 만들어 놓고 물러나는 일이다.

개헌을 통해 우리는

대통령과 부통령의 이원 체제로 나아갈 것이다.

이는 단지 권한의 분산이 아니라

국가 지도력을 준비하고 계승하는 헌정의 새로운 구조다.

총리제의 대체가 아니라,

국가 책임의 두 축을 정면에 세우는 구조다.

부통령은 나의 러닝메이트이지만, 정치적 동반자이기에 앞서

국가의 다음 리더로 준비되어야 할 인물이다.

그와 함께 나는 젊은 내각을 구성할 것이다.

각 부처의 장관과 차관은

단지 실무를 처리하는 관리자가 아니라
국가 리더십을 훈련받는 첫 주자로 세울 것이다.
정무와 행정의 경계를 넘고,
비전과 실행의 균형을 배우게 될 것이다.
그들이 다음 대통령 선거에서,
국가의 전면에 서게 하겠다.

세종이라는 이름은
과거 조선의 왕좌를 의미하지 않는다.
나는 더 이상 왕이 아니다.
나는 선출된 민주공화국의 대표로서,
모든 권한을 헌법으로부터 위임받은 존재다.

그렇기에 나는 명령하지 않고,
설득하고 책임지는 자리에 서 있다.
국정을 통치하지 않고,
시민과 함께 설계하려 한다.

그러나 한 가지는 변하지 않았다.

그 시대에도, 지금 이 시대에도,

나는 사람을 믿고, 사람을 통해 나라를 세운다.

"인재를 널리 구하여 나라를 다스리니,

이는 백성의 복이요 나라의 기초니라."

"하늘 아래를 두루 살피지 않으면,

진정한 인재는 드러나지 않는다."

나는 그 말을 오늘 다시 읊조린다.

그리고 그 말의 무게를 이 민주공화국에서도 지켜 내고자 한다.

국가 인사는 이제 정치적 보은이나 지역 안배가 되어선 안 된다.

나는, 학연도 없고, 파벌도 없고, 계보도 없다.

다만, 이 나라에 필요한 사람을 찾고,

그들이 헌신할 수 있도록 제도와 문화를 만들 것이다.

정부조직이, 인사의 구조가,

그 자체로 하나의 **국가 지도자 양성 플랫폼**이 되도록 하겠다.

나는 정치를 오래 했다.

그렇기에 더 신중하다.

나는 권력을 탐하지 않는다.

그렇기에 더 멀리 본다.

내가 지금 이 자리에 서 있는 이유는

다음 사람을 준비시키기 위해서다.

국가를 위한 리더는

유권자의 선택만으로 만들어지지 않는다.

그는 훈련받아야 하고, 실패 속에서도 견뎌야 하고,

국민 앞에서 자신을 낮출 줄 알아야 한다.

나는 그런 사람들을

오늘의 내각에서,

내일의 지도자군에서

찾고, 키우고, 물러날 것이다.

올해엔 한반도 남쪽에 화마가 휩쓸고 갔다.

재가 된 산과 바람만 남은 땅 위에서

사람들은 다시 흙을 만지고, 다시 나무를 심는다.
망가진 자리에서 다시 시작하는 힘,
그것이 이 나라의 가능성이다.

나는 그 가능성에
사람이라는 이름을 붙이고 싶다.
정치는 그 이름을 알아보고,
국정은 그 이름을 기다리는 일이어야 한다.

이 나라는 다시 시작할 수 있다.
사람이 남아 있는 한.
젊은 이들이 걸어갈 길 위에 내가 먼저 길을 닦아 놓겠다.
그리고 조용히, 뒷걸음질치겠다.

내가 나를 세우는 것이 아니라,
다음 사람을 세우는 것이
국가를 위한 마지막 정치다.
그것이 내가 2025년 대한민국에 온 이유다.

대한민국 제21대 대통령 세종 취임 보고 :
2025년 6월 4일 오전 10시, 국회의사당

존경하는 국민 여러분,

저는 오늘, 제21대 대한민국 대통령으로서 이 자리에 섰습니다.

헌법이 부여한 권한보다,

국민 여러분께서 내어 주신 믿음과 기다림 앞에 먼저 머리를 숙입니다.

이 순간까지, 저는 여러 번 걸음을 멈췄습니다.

지나온 시간이 아니라,

지금도 삶의 현장에서 묵묵히 하루를 견디고 계신

국민 한 분 한 분을 마음속에 그리기 위해서였습니다.

우리 앞의 길은 분명하지 않았습니다.

전임 대통령의 파면은

대한민국 민주주의의 역사에 깊은 흔적을 남겼고,

그 충격은 국가 운영의 중심을 뒤흔들었습니다.

법은 움직였지만,

그 너머의 국민은 말없이 상처를 감내하고 있었습니다.

그 침묵의 자리에,

저는 한 국가를 지탱해 온 손들을 보았습니다.

자녀를 재운 밤의 부엌,

출근길 지하철,

편의점 야간 계산대 너머의 시선 속에서

'대한민국은 아직, 내 삶과 닿아 있다'는 믿음은

그 어떤 구호보다 조용하고 단단하게 살아 있었습니다.

그 믿음이 오늘의 정부를 만들었습니다.

그 선택 앞에서 저는 말을 아낍니다.

정치가 말을 잃었을 때,

국민은 침묵으로 나라를 지켰습니다.

그 침묵은 포기가 아닌,

우리가 다시 함께 일어설 수 있다는 신념의 형식이었습니다.

얼마 전, 남쪽을 휩쓸고 지나간 화마는

산을 삼키고, 마을을 흔들었습니다.

그러나 남은 것은 재가 아니라,

재 위에서 서로를 일으켜 세운 손들이었습니다.

그 손들을 본 순간,

저는 깨달았습니다.

우리나라는 아직 끝나지 않았습니다.

이 자리는 영광의 자리가 아니라,

그을음과 흔들림 위에 다시 세운 책임의 자리입니다.

정치는 흔들릴 수 있습니다.

제도는 금이 갈 수 있습니다.

그러나 우리 국민은, 무너진 자리에서 다시 자신의 이름을 세울 수 있습니다.

그리고 함께 다시 일어서는 공동체는,

끝내 무너지지 않습니다.

국가는 무엇입니까.

정치는 누구를 향해야 합니까.

권력은 어디까지 겸허해야 합니까.

국가는,

국민이 불안할 때 가장 먼저 깨어 있어야 하며,

국민이 실패했을 때 가장 마지막까지 손을 놓지 않아야 합니다.

정치는,

그 손을 끝까지 붙잡고 있는 낮고 단단한 목소리여야 합니다.

저는 오늘,

대통령으로서 국민께 드리는 첫 문장을 말씀드립니다.

그것은 성공의 약속이 아니라,

회복의 서약입니다.

우리나라를 다시 **신뢰의 중심, 품격의 공동체**로 세우겠다는

조용하지만 깊은 다짐입니다.

우리는 지금

쉬운 길을 걷고 있지 않습니다.

통장은 비어 있고, 뉴스는 쏟아지지만,

나의 삶은 거기 없습니다.

계약은 불안정하며,

아이는 태어나지 않습니다.

기후는 변덕스럽고,

기술은 감정을 넘어서며,

지정학은 질문보다 먼저 벽을 세웁니다.

이 변화와 흔들림 속에서

우리는 국가라는 이름에 담긴 윤리를

다시 써야 할 시간 앞에 서 있습니다.

저는 대통령으로서

세 가지 방식으로 우리나라를 새롭게 설계하고자 합니다.

첫째, 권한을 나누겠습니다.

부통령과 함께 국정을 수행하고,

모든 내각의 결정은 책임 있는 공개와 소통으로 이어지게 하겠습니다.

둘째, 제도를 다시 보겠습니다.

구조가 사람을 가두지 않도록, 행정과 복지, 교육과 노동의 언어를

현장의 숨결과 경험에 맞게 바꾸겠습니다.

셋째, 다음 세대를 설계하겠습니다.

지금 태어나는 아이가 성인이 되어도, 부모가 되어도,

이 땅에서 살아가고 싶도록

교육과 복지, 환경과 기술의 생태계를 정성껏 짜겠습니다.

이것은 정치의 약속이 아니라

국가가 지켜야 할 윤리적 응답입니다.

그 첫걸음은

국민의 언어를 정치에 되돌리는 일입니다.

숫자가 아닌 기억에서,

정책이 아닌 공감에서,

국정이 다시 시작될 수 있도록 하겠습니다.

아침의 출근길이 덜 불안하고,

계약서 한 장이 더 정직하며,

아이를 낳는 일이 고통이 아니라 기쁨이 되고,

노년의 삶이 혼자가 아닌 공동체의 일원으로 이어질 수 있는 나라.

자신의 일이 존중 받고,

자신의 시간이 헛되지 않고,

자신이 받은 기회가 공정하다고 느낄 수 있는 사회.

그런 구조 안에서

국민은 더 이상 애국을 말하지 않아도

자부심을 품게 되는 나라.

오늘 저는 『징비록』의 말을 떠올립니다.

"앞선 일을 잊지 않으면 뒷일의 스승이 된다."

"국가의 안위는 인재에 달려 있다."

이 말은 조선에도,

지금의 대한민국에도 동일한 무게로 다가옵니다.

우리는 더 이상 잊고 반복하는 나라가 아니라,

기억하고 설계하는 나라가 되어야 합니다.

존경하는 국민 여러분,

국가는

국민이 불안할 때 가장 먼저 마주 서야 하고,

국민이 실패했을 때 가장 끝까지 손을 내밀어야 합니다.

저는 오늘, 그 국가를 다시 세우기 위해 이 자리에 섰습니다.

모든 국민이 꿈꾸는 나라,

그리고 그 꿈이 현실이 되는 나라를 위해

남은 삶과 정신을 바치겠습니다.

이제 우리는 시야를 넓혀야 합니다.

국제 질서의 전환기 한가운데서,

전쟁은 계속되고,

기후는 흔들리며,

기술은 인간을 앞서갑니다.

힘과 계산이 지배하는 시대의 틈바구니에서,

우리나라가 어디에 설 것인지

우리가 스스로 답을 내야 할 때입니다.

저는 믿습니다.

우리는 **선한 리더십의 가능성**을

세계에 보여 줄 수 있습니다.

그것은 선언이 아닌 내실에서 시작됩니다.

경제는 다시 신뢰를 회복해야 하고,

정치는 겸손을 되찾아야 하며,

과학기술은 자립성과 품격을 갖추어야 하고,

문화는 다시 치유의 언어가 되어야 합니다.

그렇게 우리는

크지 않지만 깊은 나라,

조용하지만 단단한 나라로 나아갈 수 있습니다.

우리가 함께라면,

불가능은 다시 가능의 문을 열 것입니다.

우리가 함께라면,

정치는 다시 국민의 말로 말을 걸기 시작할 것입니다.

이것이 대통령 세종의 첫 문장입니다.

그리고 이제 국민 여러분과 함께

그 다음 문장을 써 내려가고자 합니다.

감사합니다.

존경합니다.

이 모든 책무와 다짐을

우리 모든 대한국민께 바칩니다.

대한민국 제21대 대통령

세종

새로운 국정의 첫날 :
'대한민국 국민경험'을 혁신하다

국정은 문서로 쓰이지 않는다. 그것은 삶의 현장에서 먼저 감지되는 것이며, 국민의 손끝에서 먼저 시작된다. 서류는 따라오고, 제도는 뒤따라 조율되며, 국가는 그 체온을 기록해야 한다.

국정의 첫날, 우리가 선언한 첫 번째 원칙은 '대한민국 국민경험혁신(National Citizen Experience Innovation, NCX)'이다. 이 열 글자는 하나의 구호가 아니다. 이것은 통치 철학의 재정의이며, 정책설계의 새로운 출발점이며, 무너진 국민의 신뢰를 회복하기 위한 가장 낮은 자리에서의 다짐이다.

기업 세계는 오래전부터 이 원리를 알고 있었다. 경험혁신(Experience Innovation)은 고객의 여정을 기준으로 제품을 만들고,

서비스를 설계하고, 시장을 개척하는 모든 비즈니스의 출발점이었다. 고객경험(Customer Experience, CX)은 단지 서비스의 질이 아니라 기업의 존립과 경쟁력의 본질로 작동했다. 경쟁자는 기술이 아니라, 더 정교하게 감지된 '고객의 삶'이었다.

미국은 이 원리를 정부 시스템에 이식했다. 백악관과 연방행정관리국(OMB)은 '정부 고객경험(Government Customer Experience)'이라는 이름으로 행정 전반을 다시 설계했다. 공공기관조차도 국민을 '사용자'가 아니라' 경험의 설계자'로 인정하는 구조로 나아갔다.

그러나 대한민국은 이보다 한 걸음 더 나아가고자 한다. '정부 고객경험혁신(Government Customer Experience Innovation)'을 넘어, '대한민국 국민경험혁신(NCX)'이라는 국가 차원의 정의로 정치와 행정, 국정의 제1원칙을 다시 세우려 한다.

이는 국민을 더 이상 정책의 대상이 아닌 국정의 공동 설계자로 전환시키는 구조이며, 그 안에서 정치는 설득이 아니라 경청으로,

행정은 절차가 아니라 공감으로 변해야 한다.

국민경험혁신(NCX)은 다음 다섯 개의 축으로 구성된다. 이 축들은 원칙이자 시스템이며, 정책이 삶을 통과하는 방식에 대한 재해석이다.

구성축	설명	적용 예시
① 공감 (Empathy)	제도·정책이 국민의 현실과 감정에 맞닿아야 한다	민원 접수 이전에 '불편'을 예측하는 데이터 기반 정책 설계
② 여정 (Journey)	국민 또는 조직이 국가 시스템을 어떻게 '통과'하는지를 생애·생활·경영 단위로 설계	• 개인: 출생→교육→노동→은퇴 등 생애 주기별 행정경험 재설계 • 가정: 결혼→양육→주거→돌봄→ 가계 안정 등 가족 중심 복합 서비스 설계 • 기업: 창업→생존·성장→수확·정리→재창업·재투자 등 기업 여정 중심 정책 연계
③ 통합 (Integration)	행정 서비스 간 경계를 해체하여 연결성 강화	부처 간 단절된 서비스 → 통합 플랫폼 기반의 원스톱 서비스로 전환
④ 예측 (Predictive)	사후 대응에서 사전 예방·선제적 제안으로 전환	위기 조기 탐지 → 자동안내 및 선제 지원 체계 구축
⑤ 존엄 (Dignity)	국민을 '문제'가 아닌 '존재'로 존중하고 다룸	장애인·노인·이주민 등 모든 국민을 인권 중심으로 설계한 정책 접근

공감 (Empathy)

국가는 감정의 언어로 시작되어야 한다.

정책이 삶에 도달하려면,

그 이전에 고통이 머무는 자리를 알아야 한다.

불편이 민원이 되기 전에, 불안이 이탈로 번지기 전에,

국정은 국민의 자리에서 먼저 귀를 기울여야 한다.

공감은 단지 들어 주는 것이 아니라

먼저 감지하는 능력이다.

정치는 그것을 기술이 아닌 태도로 삼아야 한다.

'왜 불편했는가'가 아니라' 왜 말하지 않고 견뎠는가'를 묻는 질문,

그것이 공감의 시작이다.

여정 (Journey)

정치는 머무는 곳이 아니고,

행정은 단속하는 공간이 아니다.

국가는 국민이 걸어가는 여정을 따라

함께 이동해야 하는 존재다.

개인이 태어나고, 교육받고, 노동하고, 은퇴하며

하루하루를 살아 내는 그 시간,

가정이 아이를 키우고, 집을 마련하고,

부모를 돌보며 균형을 유지하는 그 숨결,

기업이 설립되고, 성장하고, 때로는 무너졌다가

다시 시작하는 그 리듬.

국정은 이 여정의 속도와 궤도를 따라

구조를 바꾸고, 언어를 조율해야 한다.

정책은 정지된 프레임이 아니라,

국민의 삶에 따라 흐르는 선이 되어야 한다.

통합 (Integration)

국민은 단절을 경험하지 않는다.

삶은 연결되어 있고, 문제는 함께 찾아오며,

해결은 여러 부처를 넘나들어야 가능하다.

그러나 행정은 늘 분절되고,

정보는 중복되며,

국민은 스스로 연결고리가 되어야 했다.

이제 국정은 경계를 해체한다.

부처를 나누지 않고, 절차를 단순화하며,

하나의 질문에 하나의 답으로 도달할 수 있는

원스톱 플랫폼, 유기적 연결의 구조로 전환한다.

통합은 행정의 편의가 아니라,

국민의 존엄을 위한 최소한의 질서다.

예측 (Predictive)

좋은 국정은 빠른 국정이 아니라

먼저 아는 국정이다.

사건이 일어난 뒤에 움직이는 것이 아니라,

징후가 보이기 전부터 대기하는 체계.

그것이 예측의 힘이다.

데이터는 기술이 아니라 감각이다.
AI는 감정의 대체물이 아니라,
정치의 느린 속도를 보완하는 도구여야 한다.

국정은 더 이상 '지연된 응답'이라는 이름으로
정당화될 수 없다.
국가는 국민보다 먼저 알고,
먼저 손을 내밀 준비가 되어 있어야 한다.
위기 이전의 구조가 회복 이후의 질서를 만든다.

존엄 (Dignity)

국정이 가야 할 마지막 목적지는
성장도, 효율도 아닌
존엄이다.

국민은 누구도 '문제'가 되어선 안 된다.

장애를 가진 사람, 나이 든 사람, 이방인,

실패한 사람, 가족을 잃은 사람,

경계에서 살아가는 모든 사람.

그들은 대상이 아니라

이 사회를 성립시키는 존재다.

정치는 이들을 바라보는 눈높이를 바꾸어야 한다.

행정은 이들을 위한 시스템을 따로 만들 것이 아니라,

모든 시스템이 이들을 포함하도록 설계되어야 한다.

존엄은 마지막에 오는 가치가 아니다.

그것은 국정의 시작이어야 한다.

이 다섯 축이 없다면

어떤 정책도 국민에게 닿지 못하고,

어떤 약속도 지속되지 못하며,

어떤 국정도 신뢰를 회복할 수 없다.

국민의 삶을 통과하지 않는 행정은
성공이 아니라 실패이며,
그 실패는 반드시 사회 전체의 무너짐으로 돌아온다.

그러나 공감에서 시작된 정책은 삶에 닿고,
여정에서 설계된 구조는 사람을 지키며,
통합에서 만들어진 체계는 시간을 아끼고,
예측으로 움직이는 국정은 두려움을 줄이며,
존엄을 전제로 하는 정치만이 국가의 이유가 된다.

이 다섯 축은 이제
대한민국 국정의 첫날,
가장 먼저 세워야 할 구조이며,
가장 마지막까지 놓치지 말아야 할 원칙이다.

정치는 시스템을 말하지만,
국정은 삶의 구조를 증명해야 한다.
그리고 그 구조는,

바로 여기서부터 다시 시작된다.

'대한민국 국민경험혁신(NCX)'은
대한민국이 10대 국민정책과 10대 국민약속을 실현해 가는
모든 국정의 출발점이자,
그들이 작동하는 조건이다.

이 원칙이 없다면, 아무리 많은 예산도
아무리 정교한 제도도
국민의 시간에 닿지 못한다.

우리는 이제
'정책'이라는 단어보다
'경험'이라는 단어를 먼저 떠올린다.
정책은 국가가 쓰지만,
경험은 국민이 살아낸다.

따라서 국정은,

삶의 구조로서 다시 설계되어야 한다.

국정의 첫날,
우리는 말이 아니라 구조를 선택했다.
설명이 아니라 공감을, 계획이 아니라 여정을,
효율이 아니라 존엄을 선택했다.

이제 대한민국은
정책이 아닌 경험에서 시작한다.
권력이 아닌 구조로 증명하고,
통치가 아닌 동행으로 나아간다.

이것이,
국민을 향한 첫 약속이자,
정치가 다시 국민을 배우는 방식이다.

'대한민국 국민경험혁신(NCX)'
이 열 글자가

이제,

국정의 새로운 첫 문장이다.

국민을 닮은 대통령

우리는 지금, 대통령의 이름보다

그 이름이 감당해야 할 **무게**를 먼저 묻고 있다.

무게 있는 말, 무게 있는 얼굴,

그리고 그 무게를 견딜 수 있는 사람.

국민은 그런 '어른다운 어른'을 갈망해 왔다.

말보다 삶을 먼저 보여 주고,

스펙보다 서사를 품은 사람.

사람들은 이제,

그의 말보다 **그가 어떻게 살아왔는가**를 본다.

공직의 연륜이나 학벌의 권위,

한때 유창했던 외국어 실력과 직함의 무게는

이제 국민의 신뢰를 이끌지 못한다.

공적 자리에서 세운 결과보다

그 자리에 있으면서 **어떤 책임을 감당했는가**를 묻는 시대다.

자산의 크기보다 **기부의 방식,**

경력의 길이보다 **연대의 깊이,**

정책의 숫자보다 **삶의 온도**를 먼저 읽는 시대다.

그리고,

그 한가운데서 **한 사람의 이름**이 조용히 떠오른다.

김장하.

그는 말하지 않았다.

그는 보여 주었다.

그는 앞서지 않았다.

그는 지켰다.

진주의 한약방에서,

자전거를 타고 평생을 다니며,

자신의 옷 한 벌 허투루 사지 않고
60년을 그렇게 살았다.

자신이 번 돈은
세상의 아픔에서 온 것이라 말했고,
그 돈은 다시 세상의 아픈 곳으로 흘러갔다.
장학금은 손 편지 한 장,
"잘 쓰라"는 말 한마디면 충분했다.
기부는 했으나 사진도, 기록도 남기지 않았다.
"절대 내가 했다고 말하지 마라."
그는 그렇게 **이름 없이** 물러서 있었다.

그가 남긴 단 하나의 말.
"갚으려거든, 우리 사회에 갚으라."
그 한 문장이
대한민국이 잊지 말아야 할 정치의 윤리이자,
국정의 출발점이 되어야 한다.

다큐멘터리 《어른 김장하》는

그를 기억하려는 마지막 시도였다.

천 명이 넘는 장학생 가운데에는

헌법재판관도 있었고,

언론인도, 교육자도 있었다.

그는 이름 없이 모든 곳에 있었고,

그의 손은 늘 가장 필요한 곳에 닿아 있었다.

2025년,

그 다큐는 다시 전국 극장에서 상영되었고,

책으로 출간되었으며,

넷플릭스 국내 TOP 10에 올랐다.

이 기록은 단지 회고가 아니다.

존재 방식에 대한 선언이다.

'무주상보시(無住相布施)',

주는 자도, 받은 자도 의식하지 않고

그저 인간 됨의 본보기로 살아 낸 삶.

그 앞에서, 우리는 다시 묻는다.

무엇이 한 사람을 지도자로 만드는가.

우리가 기다려 온 지도자는

수많은 '위인'처럼 등장했다가 사라지는 사람이 아니다.

그 얼굴은 멀리 있는 위인의 초상이 아니라,

오히려 **조용히, 정직하게,**

자신의 삶을 바르게 살아낸 사람의 얼굴이다.

그리고 마침내,

국민은 깨닫는다.

큰 바위 얼굴은

언덕 위에서 기다려야만 보이는 것이 아니라,

언제나 곁에서 묵묵히 걸어온 사람의 삶 속에 있었다는 것을.

국민은 지금,

그런 얼굴을 찾고 있는 것이 아니다.

그 얼굴을 닮은 대통령을 기다리고 있다.

'대한민국 제21대 대통령 세종'은

그 기다림의 끝에서 국민이 오래도록 그려 온 얼굴이다.

그 얼굴은 아직 이름을 갖지 않았을 수도 있다.

그러나 반드시, 그 얼굴을 닮아 가는 누군가가

지금 이 순간에도

어디에선가 조용히 걸어오고 있을 것이다.

그 사람에게,

이 나라는 **미래의 이름**을 줄 것이다.

국민을 닮은 대통령.

그 이름이야말로

국가가 국민에게 다시 증명할 수 있는 **존재의 이유**다.

국민을 닮은 대통령,

세종

초판 1쇄 발행	2025년 5월 9일
지은이	이영달
펴낸이	신민식
펴낸곳	가디언
출판등록	제2010-000113호
주소	서울시 마포구 토정로 222 한국출판콘텐츠센터 419호
전화	02-332-4103
팩스	02-332-4111
이메일	gadian@gadianbooks.com
CD	김혜수
마케팅	남유미
디자인	미래출판기획
종이	월드페이퍼(주)
인쇄 제본	(주)상지사P&B
ISBN	979-11-6778-153-6 (03340)